Wolfgang Melzer

Abenteuer Heimatfront

Kriegskinder in Bremen
zwischen 1944 und 1948

Real-Roman

Kellner Verlag
Bremen Boston

Danksagung

Mein Dank gilt Bernd Gosau
für Beratung und Lektorat.

Dr. Wolfgang Melzer

IMPRESSUM

© 2015 by KellnerVerlag, Bremen • Boston
St.-Pauli-Deich 3 • 28199 Bremen
Tel. 0421-77866 • Fax 0421-704058 (25)
sachbuch@kellnerverlag.de • www.kellnerverlag.de
Lektorat: Klaus Kellner
Layout: Katharina Röling
Fotos: Walter Cüppers und Hans Köster,
        Bestand des Staatsarchivs Bremen (Boris Löffler-Holte)
Titelfotos: Elsasser Straße 158, Bremen, nach dem Luftangriff
        1944 (vorn) sowie in den 1930er-Jahren (hinten),
        Fotos: Albert Kellner
Lebensmittelkarte S. 116: Sammlung Klaus Kellner
Umschlag: Designbüro Möhlenkamp

ISBN 978-3-95651-078-6

Prolog

Hierin schildert und bewertet der Autor,
Jahrgang 1938, seine Erinnerungen
an die Kriegs- und unmittelbar
anschließenden Nachkriegsjahre,
wobei die dargestellten Geschehnisse
weitgehend tatsächlich erlebt wurden.

Was ist eigentlich Frieden?
Frieden ist,
wenn woanders geschossen wird.
Gabriel Laub

Der Autor

Geboren und aufgewachsen in
Bremen, Studium der Chemie
in Würzburg und Hamburg.
Promotion im Fachbereich
Naturwissenschaften. Leiter
eines freiberuflich geführten
Bremer Laboratoriums.
Frühzeitige Paralleltätigkeit in
der Literatur, Publikation von
Lyrik und Kurzgeschichten
in Feuilletons und Literatur-
Zeitschriften. Seit 2005
Veröffentlichung von 2 Lyrik-
Bänden (2010 Wolfgang-
Windeck- Lyrikpreis des Freien
Deutschen Autorenverbandes),
7 Romane, 1 Synonymwörter-
buch der Umgangssprache.

Inhaltsverzeichnis

Fliegeralarm

Ein dreimaliger Sirenenheulton von jeweils zwölf Sekunden zerriss die Stille der Nacht: Vorwarn-Fliegeralarm im Jahr 1943.

Der Alarm löste eine bereits zur Gewohnheit gewordene hektische Betriebsamkeit aus. Meine Eltern sprangen aus dem Bett. Mich – den sechsjährigen Sohn Peter, der zwischen ihnen auf der Besucherritze schlief und der bis auf Schuhe und Mantel bereits vollständig angekleidet war – setzten sie auf einen Stuhl.

Meine Eltern schlüpften hektisch in ihre zurechtgelegten Kleidungsstücke und verstauten bereitgestellte Essens- und Getränkevorräte, die für eine unbestimmte Verweildauer im Luftschutzbunker bestimmt waren, in eine Tragetasche.

Aus dem von meinem Vater eingeschalteten Volksempfänger, der »Göbbels-Schnauze«, kam die Ansage für die Stadt Bremen: »Feindliche Flugzeugverbände gesichtet über Norderney. Voraussichtliches Ziel: Bremen. Bitte suchen Sie umgehend die Luftschutzbunker auf.«

Wir machten uns in der Dunkelheit auf den Weg zum Bunker. Kein Licht bot Orientierungshilfe. Es herrschte Verdunkelungspflicht. Der Weg nahm etwa fünfzehn Minuten in Anspruch. Wir kannten inzwischen jeden Meter auch ohne Beleuchtung. In den letzten Monaten mussten wir darauf gefasst sein, den massigen Betonklotz in der Clausenstraße zu jeder Tages- und Nachtzeit zu erreichen.

Unterwegs bemerkten wir die scharenweise auftauchenden Silhouetten hastender Menschen, die das gleiche Ziel hatten.

Nach dem Eintreffen suchten meine Mutter und ich die uns zugewiesenen Hochbett-Gestelle auf. Mein Vater blieb wegen einer besonderen Aufgabe vor dem Bunker zurück. Belegt war der Bunker überwiegend mit Frauen und Kindern sowie älteren, nicht fronttauglichen Männern.

Mein Vater, Dr. Hans Keller, war Diplom-Chemiker und als Leiter eines Stahlwerk-Laboratoriums tätig. 1933 hatte ihm die Reichsmarine das Angebot gemacht, in die Selbstständigkeit zu wechseln, um in der Funktion eines Sicherheitsbeauftragten die in den Bremer und Unterweserhäfen zu Reparaturzwecken liegenden U-Boote der Gasfrei-Kontrolle zu unterziehen. Dabei handelte es sich um die Bestimmung der in den leeren Brennstofftanks vorhandenen Gasluftgemische, die eine unmittelbare Gefahr für die Schiffsbesatzung, das Reparaturpersonal und das gesamte Schiff darstellten. Ein Funken aus einem Schweißgerät konnte ausreichen, um bei entsprechend angereichertem Gasluftgemisch eine verheerende Explosion auszulösen.

Mein Vater hatte das Angebot angenommen. Mit Beginn der Kriegshandlungen erweiterte er das Spektrum seiner Messtätigkeit auch auf Bereiche des Luftschutzes für die Zivilbevölkerung. Der Eintritt in den Reichsluftschutzbund war in diesem Zusammenhang zwingend.

Sein Verharren vor dem Bunker diente einem besonderen Aspekt: Die amtliche Propaganda warnte immer wieder eindringlich vor der Gefahr eines feindlichen Einsatzes chemischer Kampfstoffe, die im Ersten Weltkrieg grausame Wirkungen hinterlassen hatten. Vordringlich ging es dabei um den unter dem Oberbegriff Grünkreuz bekannten Lungenkampfstoff Phosgen und den Hautkampfstoff Senfgas.

Die Luftmessungen meines Vaters wurden nach Abwurf der ersten Bomben beendet. In der Regel wurden die Bunkertüren etwa zwanzig Minuten nach dem Fliegeralarm durch den Bunkerwart geschlossen. Dieser wurde sofort über die Messergebnisse informiert, denn ihm oblag im Falle eines Giftgaseinsatzes die Verteilung von Gasmasken an alle Insassen des Bunkers.

Natürlich lag es auch in seinem Verantwortungsbereich, wer im Bunker Schutz suchen durfte. Fremd- und Zwangsarbeitern sowie Juden war der Zugang verboten worden.

Als Chemiker war mein Vater prädestiniert für diese Tätigkeit. Und so hatte er nicht lange gezögert, auf Anfrage auch der NSDAP beizutreten. Zusätzlich ergab sich für ihn, der ein sehr unentspanntes Verhältnis zum Heldentod eines Frontsoldaten hatte, die einmalige Gelegenheit, sich in der Heimat weitab von Schützengräben und MG-Feuer für die Zivilbevölkerung nützlich zu machen. Er konnte darüber hinaus noch eine obskure, persönliche Gesundheitsbeeinträchtigung als angeblicher Bettnässer geltend machen, die ihm den Bewertungsgrad »nicht kv« (kriegsverwendungsfähig) eintrug.

Ein zweiminütiger Dauerton der Sirenen signalisierte nach oftmals stundenlangem Bunkeraufenthalt Entwarnung. Mit bangen Gefühlen verließen wir stets den Bunker. Stand das Haus noch? Was war zerstört worden? Hatte es Tote gegeben, deren Anblick einem auf dem Nachhauseweg nicht erspart blieb? Wohin, wenn das Haus in Schutt und Asche lag?

Für meine Eltern und für alle anderen Erwachsenen war dieser Rückweg jedes Mal ein Albtraum. Für uns Kinder stellte sich das alles viel weniger dramatisch dar. Sicherlich – die Aussicht auf verkohlte und zerfetzte Leichname hätte uns maßlos schockiert und womöglich traumatisiert. Aber wir hatten das Glück, dass vor dem Öffnen der Bunkertüren bereits ein Aufräumkommando tätig gewesen war.

Dagegen weckten die rauchenden Ruinen eher unsere Abenteuerlust und Neugierde und lösten bei uns Kindern nicht zwangsläufig Angst- und Horrorvisionen aus. Allerdings das eigene Haus, das sollte, bitteschön, dann doch nicht zu den Trümmerhaufen gehören.

Als wir an diesem Tag in unsere Wohnstraße zurückkehrten, war alles gut gegangen. Einige verirrte Brandbomben waren in entfernten Vorgärten eingeschlagen und hatten keine verheerenden Schäden angerichtet. Der Angriff hatte in erster Linie den im Westen der Stadt gelegenen Hafenanlagen gegolten, demzufolge war ein großer Teil dieses Wohnviertels in dunkle Rauchschwaden gehüllt.

Auf dem Rückweg zu unserem Wohnhaus fielen mir irgendwann die auf die Hauswände geklebten Warnplakate ins Auge: »Pst – Feind hört mit«.

Nach einem Luftangriff auf Bremen

Eine innenpolitische Partei-Kampagne, um der Bevölkerung eine Bedrohungssituation zu suggerieren, bei der ein im Hintergrund des Plakats in schräger Haltung dargestellter schwarzer Schattenmann als feindlicher Belauscher von Gesprächen deutscher Bürger auftrat.

»Papa, wer ist der schwarze Mann auf dem Plakat?«

»Ein Feind«, sagte mein Vater. »Ein Spion, der alles über uns erfahren will, damit er uns schaden kann. Du darfst niemandem erzählen, niemandem, verstehst du, was dein Vater für Arbeiten ausführt. Es könnte schlimme Folgen haben.« Die Warnung saß. Der schwarze Mann geisterte von nun an in meinem Kopf herum.

Nach dem Erreichen unserer Wohnstraße stieg jeweils die Spannung. Ich löste mich dann von meinen Eltern und lief auf unser Haus zu. Zum Glück war es von Bomben verschont geblieben.

»Nix kaputt«, rief ich.

Das stimmte natürlich so nicht, denn die Spuren vorhergehender Bombenangriffe waren unübersehbar. Sämtliche Fenster waren mit Brettern vernagelt und viele Dachziegel fehlten oder waren geborsten. Aber das Haus stand noch und auch unsere direkten Nachbarn hatten keine nennenswerten Verluste zu beklagen.

Die Außentätigkeit in den Reparaturdocks der Werften entwickelte sich für meinen Vater zu einem durchaus einträglichen Geschäft, das ihm sogar erlaubte, zwei Räume in der Innenstadt für die Gründung eines eigenen kleinen Labors anzumieten. Wohlwissend um die Gefahr eines Totalverlustes durch Bombenangriffe auf die Stadt Bremen verlagerte er einen Teil seines Labors ins Bremer Umland, in die Kleinstadt Syke, wo er eine nicht genutzte Lagerhalle zu einem Laborraum umfunktionierte. Der Lagerhalle schloss sich ein geräumiges Wohnhaus an, in dem auch unsere dreiköpfige Familie im Bedarfsfall eine Unterkunft würde finden können.

Als Mann an der Heimatfront war meinem Vater die Dimension des unmittelbaren Kriegserlebnisses erspart geblieben. Im Gegenzug war er ein wichtiges Bindeglied in einer im Laufe des Krieges immer prekärer werdenden städtischen Solidargemeinschaft geworden.

Die Entwicklung des Begriffs Heimatfront wurde speziell durch das Schüren der Spionageangst und die Verdunkelungsanordnungen zum Schutz vor Luftangriffen propagandaseitig mit Nachdruck betrieben. Auch die Denunzierung von Verdächtigen wurde der Zivilbevölkerung als eine spezielle Möglichkeit suggeriert, sich an der Verteidigung der Heimat zu beteiligen.

Meine Bremischen Großeltern, die Eltern meiner Mutter, lebten in der Bremer Neustadt. Sie waren herzensgute Menschen, die an ihrem Enkel einen Narren gefressen hatten. Die Attraktivität des Hauses meiner Großeltern bestand für mich insbesondere darin, dass mein Großvater, der als Postsekretär auf den Hapag Lloyd-Passagierschiffen »Columbus« und »Bremen« viele Male die Passage Bremerhaven–New York und zurück absolviert hatte, von den jeweiligen Bordkostümfesten im Laufe der Jahre eine Fülle von Masken und Verkleidungen mit nach Hause gebracht hatte. Diese wurden unter der Kellertreppe in einer verschließbaren Nische, dem »Huck«, verwahrt. Mir als Enkel war es gestattet, gutes Benehmen an diesem Tage vorausgesetzt, beim Besuch der Großeltern eine Verkleidungsorgie zu starten.

Doch auch dort begleiteten uns die Menetekel der Luftangriffe. So war ein Luftschutzbunker ebenfalls in kurzer Zeit erreichbar. Dennoch gab es immer Menschen, die aus welchen Gründen auch immer davon keinen Gebrauch machten und es vorzogen, in ihren Häusern oder im Keller auszuharren.

Für unsere Familie hatte mein Vater noch ein anderes kleines Ausweichquartier geschaffen. Als passionierter Jäger konnte er schon vor Kriegsausbruch eine Jagdhütte in der Nähe von Sulingen übernehmen. Er besaß dort die Jagderlaubnis für ein Niederwildrevier.

Die Jagdhütte war spartanisch ausgestattet mit einer Miniküche, in der eine »Brennhexe« als Petroleum-Feuerquelle diente. In etwa zehn Metern Entfernung zur Hütte war eine Pumpe geschlagen worden, deren Wasser für den menschlichen Genuss abgekocht werden musste. Die Hütte wies zwei Schlafzimmer mit Etagenbetten sowie ein Sofa im Wohnraum auf. Als Beleuchtung dienten Petroleumlampen. Die Hütte bot somit Platz für fünf Personen. Etwas tiefer im Wald hatte mein Vater den unverzichtbaren Donnerbalken für spezielle Bedürfnisse errichtet.

In der Hütte verbrachte ich mit Eltern und Großeltern relativ unbeschwerte Wochenenden. In den letzten Kriegsjahren konnten wir im Schutz des Waldes gefahrlos die feindlichen Bomberformationen beobachten, die in christbaumartiger Konstellation und großer Höhe (um den deutschen Flak-Geschützen zu entgehen) über unsere kleine Friedensoase hinwegflogen. Sie erschienen mir wie Silberlinge, und wir hatten – weit entfernt von Städten und Industrieanlagen – nichts von ihnen zu befürchten.

Mein Vater war zwar kein Scharfschütze, aber auf dem jagdlichen Ansitz ein Blattschütze von hoher Präzision. Den familiären Bedarf an Fleischrationen deckte er problemlos ab. Diese Genüsse standen im Gegensatz zu den Angeboten auf der Lebensmittelkarte. Unser kleiner Flecken Erde in der Norddeutschen Tiefebene nahm am Weltkrieg an diesen Tagen nicht teil.

Seine Jagdwaffen, einen Karabiner und eine Schrotflinte, hat mein Vater kurz vor Kriegsende in eine Kiste verpackt und im Wald vergraben. Der Waffenbesitz hätte ihn im Falle der Entdeckung durch die Alliierten das Leben kosten können.

Häufig waren meine Großeltern mit von der Partie. Der Opa unterwies mich darin, die essbaren und ungenießbaren Pilzsorten zu unterscheiden. Als Brennmaterial für den Kanonenofen im Wohnraum sammelten wir gemeinsam in den Herbsttagen säckeweise Kienäpfel und zerkleinerten heruntergefallene Äste. Das Holz wurde in einem überdachten Verschlag neben der Hütte gelagert. Milch holten wir beim Bauern, und im nahegelegenen Dorf gab es einen Bäcker, der das Brot noch in einem alten Backhaus im Steinofen buk.

Doch jeweils am Sonntagabend endete die Idylle und es ging mit dem klapprigen DKW (»Der Kunde weint« – gängiger Ausspruch meines Vaters) zurück nach Bremen.

Noch im Frühjahr 1944 wurde ich (Jahrgang 1938) eingeschult. Der Klassenlehrer musste beim Betreten des Unterrichtsraumes mit einem markigen »Heil Hitler« und Hitlergruß empfangen werden. Eine Vermeidung des Hitlergrußes konnte Verdächtigungen hinsichtlich der politischen Zuverlässigkeit der Eltern nach sich ziehen.

Die Intensität und Häufigkeit der Bombenangriffe auf Bremen nahm stetig zu. Den Bunker suchten wir tagsüber im Falle eines Alarms auch direkt von der

Schule aus auf. Natürlich immer unter Führung eines Lehrers. Ein geregelter Unterricht kam unter den gegebenen Verhältnissen nicht zustande, zumal auch die Schulen durch die Bombardements in Mitleidenschaft gezogen wurden.

Eines Tages verschliefen wir nachts den Flieger-Voralarm. Mein Vater war körperlich, bedingt durch die Mehrfachbelastung im Hafendienst und Labor, offensichtlich kräftemäßig überfordert. Vielleicht hatte er aber auch am Vorabend das eine oder andere Bier zu viel getrunken. Auf jeden Fall brachte er meine Mutter und mich in einen benachbarten kleinen Splitterbunker, der bei weitem nicht die Wand- und Deckenstärke des Großbunkers aufwies. Der Explosivkraft einer Sprengbombe hätte er nichts entgegenzusetzen gehabt. Er selbst bewegte sich anschließend im Laufschritt zu seiner Großbunker-Messstelle.

Ausgerechnet in dieser Nacht detonierte eine Bombe etwa achtzig Meter von unserem Splitterbunker entfernt in einem Garten. Die Druckwelle warf uns zu Boden; doch die Wände hielten stand. Meine Mutter geriet in Panik.

»Wir müssen hier raus«, schrie sie. »Wahrscheinlich steht um uns herum alles in Flammen und am Ende werden wir hier drinnen verbrennen.«

»Ich will hier nicht raus, wenn es überall brennt«, hielt ich dagegen.

Meine Mutter war nicht zu beruhigen. Sie versuchte, die Stahltür des Splitterbunkers zu öffnen, indem sie den Türhebel umwarf. Doch die Bunkertür gab nicht nach. Sie ließ sich keinen Zentimeter nach außen bewegen. Die Bombe hatte einen gewaltigen Erdtrichter ausgeworfen, wobei große Teile des Erdreichs gegen

die Tür geschleudert worden waren und nun eine un-
überbrückbare Blockade darstellten.

Als Folge der Detonation war auch die Innenbe-
leuchtung des Bunkers ausgefallen, so dass wir jetzt
im Dunkeln saßen. Wir waren die einzigen, die dort
Zuflucht gesucht hatten. Die Nachbarn hatten sich
rechtzeitig auf den Weg zum Großbunker gemacht.

Es handelte sich nicht um einen Einmann-Splitter-
bunker, die zu jener Zeit häufig in unmittelbarer Nähe
von Bahnhöfen anzutreffen waren, um das Personal zu
schützen, sondern um einen Schutzbau, der Platz für
eine etwa fünfköpfige Familie bot.

»Wie kommen wir hier wieder raus?«, fragte ich
meine Mutter.

Sie schüttelte den Kopf. »Ich weiß es nicht. Ich
kann zum Glück keinen Brandgeruch wahrnehmen.
Aber irgendetwas stimmt nicht mit der Tür.«

»Wer weiß denn außer Papa überhaupt, dass wir
hier drin stecken?«, war meine nächste Frage.

»Nur Papa«, sagte sie mit stockender Stimme.

Wir warteten Stunden. Dann das Sirenensignal – Entwarnung. Die Zeit schien nicht weiter fortzuschreiten.
Plötzlich aber hörten wir die Stimme meines Vaters,
der unsere Namen rief. Der Anblick des verschütteten
Splitterbunkers musste ihn bis ins Mark getroffen haben, denn ihm war bewusst, dass die Druckwelle uns
auch hätte töten können.

Wir schrien aus Leibeskräften, hämmerten mit
den Fäusten gegen die Stahltür und hatten Erfolg. Er
hörte uns.

»Ich hole Hilfe«, rief er.

Nach kurzer Zeit hatte er drei Nachbarn, ausgerüstet
mit Schaufeln und Spaten, aufgetrieben, die die Bunkertür so weit freilegten, dass sie einen Spaltbreit geöffnet

Breitenbachhof in Gröpelingen nach einem Fliegerangriff 1943

werden konnte. Wir schlängelten uns hindurch und gelangten ins Freie – direkt in die Arme meines Vaters, der seine Tränen nicht zurückhalten konnte.

Ich blickte mich um und stellte fest, dass der Garten, in den sich die Bombe verirrt hatte, nicht mehr existierte. An seiner Stelle gab es nur noch einen tiefen Krater.

Unser Haus war stehen geblieben. Fensterscheiben gab es ohnehin nicht mehr, aber die Beschädigungen an Dach und Mauerwerk waren unübersehbar größer geworden. Inzwischen regnete es auch durch. Doch das war der Kriegsalltag. Die Soldaten an der Front hatten sicherlich ganz andere Sorgen.

Das Jahr 1944 war bereits gekennzeichnet durch eine sich anbahnende Kriegsniederlage des Deutschen Reiches. Da konnte der Völkische Rundfunk noch so viele Durchhalteparolen verbreiten. Die Katastrophe von Stalingrad war bedrückende Realität, und den Alliierten war die Invasion in der Normandie gelungen.

Ich wurde Zeuge eines Gespräches zwischen meinen Eltern.

»Der Zusammenbruch ist nicht mehr aufzuhalten. Der Krieg ist verloren«, sagte mein Vater.

Diese Einschätzung durfte ich niemals an irgendeinen Freund oder Klassenkameraden weitergeben. So viel hatten mir meine Eltern eingebläut. Die Gestapo hätte meinen Vater unverzüglich abgeholt und er wäre wegen Wehrkraftzersetzung hingerichtet worden.

Die Situation verschärfte sich zusehends. Nach einem britischen Luftschlag brannte auch das kleine Labor in der Innenstadt völlig aus.

»Wir können hier nicht mehr lange bleiben«, sagte mein Vater. »Ich habe bereits Vorkehrungen für eine Flucht aufs Land – nach Syke – getroffen.«

In der Nacht vom 18. auf den 19. August 1944 erlebte Bremen den schwersten Luftangriff während des Zweiten Weltkriegs. Mehr als tausend Menschen wurden getötet. Dabei gingen 150.000 Brandbomben auf den Bremer Westen, die Bahnhofsvorstadt und das Stephaniviertel nieder. Fast sechzig Prozent aller im Zweiten Weltkrieg zerstörten Häuser fielen in dieser Nacht in Schutt und Asche.

Als wir am nächsten Morgen unseren Bunker verließen, fanden wir das Dach unseres Hauses vollständig abgeräumt vor. Das Haus war unbewohnbar geworden. Ein Ehepaar mit drei Kindern, die die Nachbarbetten im Bunker belegten und zu denen wir ein freundschaftliches Verhältnis pflegten, nahm uns in ihr Haus auf. Es war eine geräumige Villa, die viel Platz bot.

Für mich bedeutete diese Entwicklung nicht unbedingt eine Verschlechterung meiner Situation. Wir Kinder hatten während der Bunkerzeit Freundschaft geschlossen, und jetzt rückten wir auch tagsüber näher zusammen und vertrieben uns oft genug die Zeit mit diversen Spielen.

Bei den drei Kindern handelte es sich um einen schon etwas älteren Jungen, Thomas, der bereits zwei Jahre zur Schule ging, und seine beiden Schwestern Elfriede und Helma. Thomas war gut zwei Jahre älter als ich. In diesem Lebensalter ist das eine Ewigkeit an Erfahrungsvorsprung. Natürlich war er gewitzter im Mühlespiel und Rommee als ich, aber ich erwies mich als lernfähig und holte langsam auf.

Eines Tages, als wir wieder stundenlang im Bunker hockten, vertraute er mir ein Geheimnis an:

»Du musst es unbedingt für dich behalten. Meine Eltern wissen nichts davon, weil sie an dem Tage zu Hause im Keller geblieben sind.«

»Ich erzähle niemandem ein Wort«, schwor ich.

»Vor ein paar Wochen gab es den Alarm während des Schulunterrichts. Der Lehrer brach den Unterricht ab und forderte uns auf, die Schule zu verlassen und sofort den Bunker aufzusuchen. Und da fing die Scheiße an, das heißt, da war sie bereits im Gange. Ich saß mit Durchfall auf dem Klo. Und ich war auch nicht in der Lage, dieses Klo sofort zu verlassen. Andererseits war es auch nur ein Voralarm und das bedeutete nicht automatisch, dass es zu Fliegerangriffen auf Bremen kommen musste.

Als ich schließlich die Schule verlassen wollte, war das Hauptportal abgeschlossen. Man hatte mich komplett übersehen. Jetzt geriet ich aber doch in Panik und suchte wie verrückt nach einem Notausgang. Ich fand keinen. Dann rannte ich in den Keller und schließlich entdeckte ich dort eine Tür, die nicht verschlossen war. Ich stürzte auf die menschenleere Straße.

Die Sirenen hatten inzwischen Fliegeralarm gemeldet.

Von der Schule bis zum Bunker braucht man, wenn man schnell läuft, etwa zehn Minuten. Es waren amerikanische Bomberverbände, die Bremen direkt anflogen. Während ich um mein Leben rannte, explodierten in einiger Nähe die ersten Brandbomben. Zum Glück gab es keine Tiefflieger. Die hätten mich wahrscheinlich abgeknallt.«

Ich war seinen Erzählungen atemlos gefolgt.

»Was war mit den Bombensplittern? Die müssen doch überall herumgeflogen sein?«, fragte ich.

Bombensplitter waren unter uns Kindern zu jener Zeit ein begehrtes Sammelobjekt. Ich hatte einen ganzen Karton davon im Keller.

»Auf Bombensplitter habe ich nicht mehr geachtet.«

»Hast du auch Tote gesehen?«, fragte ich.

»Ich habe gar nichts mehr gesehen, obwohl es ja noch helllichter Tag war. Ich hatte nur noch ein Ziel: den Bunker.«

»Klar«, sagte ich, »das muss schlimm für dich gewesen sein.«

»Ja, aber das Schlimmste kommt noch. Als ich vor der Bunkertür stand, war diese verschlossen. Ich habe mit den Fäusten dagegengetrommelt und um Hilfe geschrien. Aber niemand hat mich gehört. Auch dein Vater nicht, der doch immer als Letzter in den Bunker geht.«

»Und bist du dann auf der Straße geblieben?«

»Nicht gerade auf der Straße, aber ich habe mich gegen die Außenmauer des Bunkers unterhalb des Treppenaufgangs geduckt. Da hatte ich wenigstens etwas über dem Kopf.«

»Und wie lange bist du dort draußen geblieben?«

»Mehrere Stunden. Bis der Entwarnungsalarm kam

und die Bunkertür wieder geöffnet wurde.

Ich bin dann sofort nach Hause gelaufen und habe niemandem etwas erzählt.«

»Wie hat sich das denn angefühlt da draußen ohne Schutz, während ringsum die Bomben fielen?«

»Scheiße, sage ich dir. Richtig scheiße. Die Luft ist manchmal glühend heiß. Riesige Staubwolken ziehen durch die Straßen und du siehst das Feuer hinter den Häuserfassaden, die manchmal krachend einstürzen. Jeder Atemzug da draußen tut richtig weh. Dabei spürst du den Ruß der vorbeiziehenden Schwaden direkt auf der Zunge. Du siehst, wie Flugzeuge ihre Bomben lösen. Sie treiben dir wie Ballons entgegen, ehe sie hinter den Häusern verschwinden.

Zum Glück für mich lag das Hauptziel der Angriffe im Westen bei den Hafenanlagen. Aber du hast jedes Mal diese Druckwelle, die auf dich zukam, gespürt. Plötzlich prasselten Funken herunter wie glühendes Konfetti. Eine Bombe explodierte nur einige hundert Meter weiter in einem Gartenstück. Ich konnte sehen, wie die Erde hochspritzte und sich darüber ein Rauchpilz bildete. Die Luft wurde dabei immer heißer. Plötzlich rannten dann Menschen, die in den Kellern geblieben waren und deren Häuser getroffen wurden, schreiend über die Straße. Einer brannte wie eine Fackel und bekam von anderen Leuten eine Decke übergeworfen. Was aus ihm geworden ist, weiß ich nicht. Ich habe auch Leute gesehen, die mit Sandsäcken versuchten, die Brände zu ersticken.

Am schlimmsten da draußen aber war, den beißenden Qualm in den Augen und im Atem zu ertragen. Zum Glück ist aber in meiner Nähe keine Bombe runtergekommen. Vielleicht verstehst du, warum ich meinen Eltern nichts von meiner Bunkerverspätung erzählt habe.

20

Keine Ahnung, wie die reagiert hätten.«

Die Geschichte beeindruckte mich sehr. Kein Zweifel, Thomas war ein Held. Er hatte den Krieg mit eigenen Augen erlebt. Er war mittendrin gewesen.

Die Gröpelinger Klitzenburg nach einem Luftangriff

Die Flucht nach Syke

Bereits in der Schule wurde uns erklärt, dass wir Kriegskinder seien. Darauf sollten wir stolz sein. Stolz muss
man darauf vielleicht nicht sein, aber eines hatte diese
Zeit bewirkt: ein enormes Zusammengehörigkeitsge-
fühl und eine selbstverständliche Hilfsbereitschaft.

Ab 1945 gab es nur noch Rückschläge. Die Briten waren überall im Norden Deutschlands auf dem Vormarsch
und trafen lediglich auf sporadischen Widerstand.

Der Aufenthalt im Bunker wurde immer beschwer-
licher. Es herrschte eine heillose Überbelegung, wo-
durch der lebensnotwendige Sauerstoff eine gefährlich
sinkende Tendenz aufwies. Besonders Kinder waren
betroffen und es kam in einzelnen Bremer Bunkern zu
Erstickungsfällen. Im Bunker selbst herrschte eine un-
erträgliche Hitze. Durch die Zerstörung der Kraftwer-
ke kam die Stromversorgung zum Erliegen. Also arbeiteten auch die Entlüftungsanlagen in den Bunkern
nicht mehr. Gleichzeitig fiel die Wasserversorgung aus,
so dass die Toiletten nicht mehr funktionierten. Das
führte zum völligen Hygienekollaps in vielen Bunkern.
Ein Aufenthalt im Freien war unter diesen Voraussetzungen besonders brisant, da auch das Fliegerwarn-
system vom Stromausfall betroffen war.

Mein Vater hatte längst seine Giftgasmessungen auf-
gegeben, zumal es keine Anzeichen mehr dafür gab,
dass die Alliierten zu diesen Waffen greifen würden.

Für ihn gab es nur noch eine Alternative: die Flucht
ins ländliche Syke. In den frühen Morgenstunden des
7. Aprils lud er meine Mutter und mich in seinen klapprigen DKW und fuhr Richtung Süden über die bereits
von der Wehrmacht zur Sprengung vorbereitete große

Weserbrücke. Ein Zurück war somit ausgeschlossen. Auch die von uns noch passierbare Ochtumbrücke in Kattenturm stand vor der Sprengung.

Einige Kilometer nach Verlassen des Bremer Stadtgebietes wurden wir von einem deutschen Militärposten gestoppt.

»Halt, wo wollen Sie denn jetzt hin?«

»Nach Syke«, antwortete mein Vater.

»Das werden Sie kaum schaffen«, schüttelte der Soldat den Kopf, »Syke wird bereits von den Engländern kontrolliert.«

»Ich habe andere Informationen. Syke hat sich nur vorsorglich ergeben. Aber die Briten stehen erst in Asendorf, also noch einige Kilometer entfernt. Ich habe vor einer halben Stunde noch mit meinem Labor in Syke telefoniert.«

Der Mann schaute meinen Vater zweifelnd an. »Den direkten Weg über Barrien können Sie auf keinen Fall benutzen. Es sind Straßensperren aufgebaut und hier wird alles für einen Abwehrkampf hinter Erdwällen und aus Erdlöchern vorbereitet.«

Mein Vater nickte. »Ich kenne mich hier sehr gut aus. Es gibt einen Schleichweg. Er führt durch den Wald bei der Siedlung Gessel. Wenn wir den Leerßer Berg passiert haben, kommen wir nach Syke praktisch durch den Hintereingang.«

Der Soldat salutierte. »Es ist Ihr Leben. Und das Ihrer Familie. Versuchen Sie Ihr Glück. Heil Hitler.« Dann winkte er uns durch.

»Oder so«, knurrte mein Vater halblaut vor sich hin. »Ich danke Ihnen. Wir haben keine andere Wahl.«

Er startete den Wagen und bog ab in Richtung Ristedt, um dann auf den Forst Strietfuhren der Siedlung Gessel zuzufahren. Zu beiden Seiten der Landstraße waren derweil deutsche Landser damit beschäftigt, Erdlöcher als letzte Verteidigungsstellung auszuheben.

Bei diesem Anblick erlaubte sich mein Vater einen seiner Scherze der zuweilen makaberen Art: »Was braucht der deutsche Soldat? Einen Quadratmeter Feindesland und einen Klappspaten, um sich einzugraben.«

»Darüber kann ich überhaupt nicht lachen«, mokierte sich meine Mutter.

Die Marschwiesen waren vom deutschen Militär ringsum geflutet worden. An den meisten Stellen waren nur die Spitzen der Zäune zu erkennen. So konnte man von einer Wassertiefe von etwa sechzig Zentimetern ausgehen. Wie sich später zeigte, erwies sich diese Maßnahme gegen die britischen Schwimmpanzer, die Buffalos, als wirkungslos.

In den Wäldern tauchten gelegentlich Volkssturmleute – junge und alte Männer – auf. Sie schlugen Holz, um vor den Ortschaften Panzersperren zu errichten. Eine letzte verzweifelte Anstrengung, den Vormarsch der dritten britischen Division zu verzögern oder sogar noch aufzuhalten.

Angesichts der Übermacht des Gegners – 5.000 deutschen Soldaten standen in dieser Region 37.000 gut ausgerüstete Engländer gegenüber, die Sturmgeschütze, Schwimmpanzer und Panzer mit Flammenwerfern einsetzten – ein hoffnungsloses Unterfangen.

Mein Vater wusste: Wir befanden uns in einem vielleicht sogar tödlichen Wettlauf mit der Zeit. Eingedenk dieser Situation jagte er seinen altersschwachen DKW über die holprigen Waldwege, als würde er von Furien gehetzt. Aus der Ferne war fortwährend Artilleriefeuer zu hören.

»Hoffentlich kommt das Geschützfeuer nicht aus Syke«, flüsterte meine Mutter tonlos.

»Das ist noch weit weg«, sagte er. »Wir schaffen es bis Syke.«

In Gessel hatte es offenbar einen massiven Granateneinschlag gegeben. Wir sahen totes Vieh herumliegen, welches in der Aprilsonne aufgedunsen war und dem ein bestialischer Gestank entwich.

»Schaut da nicht hin«, herrschte uns mein Vater an. »Den Anblick müsst ihr ertragen. Das Vieh kann man nicht auch noch in Bunkern und Kellern verstecken.«

Nach Verlassen des Forstabschnitts rumpelte unser Auto über einen schmalen Feldweg quer durch eine Ackerlandschaft.

Unser schwer beschädigtes Haus im Bremer Ortsteil Schwachhausen hatten wir vernagelt und verschlossen zurückgelassen. Einige Möbelstücke, Wäsche und Koffer hatte mein Vater schon in den Wochen zuvor nach Syke transportiert. An das Ausweichlabor in Syke war ein kleiner Wohntrakt angeschlossen, in dem wir jetzt für eine ungewisse Übergangszeit Unterkunft finden sollten.

»Ihr werdet euch dort sicherer fühlen, und wir werden es erreichen«, wiederholte er nochmals. »Syke steht nicht unter dauerndem Flieger- und Artilleriebeschuss. Es ist strategisch für die vorrückenden englischen Truppen nur von geringer Bedeutung. Wir haben schon ein ganzes Stück geschafft und befinden uns jetzt am Nordrand der Syker Geest. Man nennt dieses Gebiet auch die Barrier Schweiz.«

»Die echte Schweiz wäre mir lieber«, stöhnte meine Mutter. »Da gibt es zwar bedeutend höhere Berge als diesen Leerßer Berg, aber es wird wenigstens nicht geschossen.«

»Wenn wir unbehelligt in die Syker Hauptstraße kommen, haben wir es geschafft«, versuchte mein Vater sie zu beruhigen.

Meine Mutter schüttelte stumm den Kopf. Sie war wie gelähmt vor Angst.

Dieses Angstgefühl war mir noch weitgehend fremd. Ich brachte in meinem Alter diesen Krieg noch nicht mit den Schreckensbildern der Vergangenheit in Verbindung. Meine Eltern hatten dagegen schon den Ersten Weltkrieg er- und überlebt. Solange mein Vater die Ruhe bewahrte, fühlte ich mich sicher.

Wir erreichten die nördlichen Außenbezirke Sykes. Mein Vater steuerte den Bahnhof an. Die Straßen waren menschenleer. Aus den Fenstern der meisten Häuser hingen weiße Bettlaken. Die Kreisstadt Syke hatte sich bereits ergeben.

»Na bitte«, sagte mein Vater. »Syke hat bereits die italienische Kriegsflagge gehisst.«

»Was soll das denn nun wieder?« Meine Mutter schaute ihn kopfschüttelnd an.

»Ist doch ganz einfach. Schau nur einmal genau hin: Weißes Kreuz auf weißem Grund«, lachte er.

»Mir ist jetzt nicht nach solchen Späßen zumute«, erwiderte sie genervt.

Vom Bahnhof war es nur noch ein kurzer Weg in die Hauptstraße. Wir waren fast am Ziel. In etwa hundert Metern Entfernung befand sich die Toreinfahrt, um in den Hof, der unsere Zuflucht war, zu gelangen.

Doch dann kamen sie auf uns zu: eine unüberschaubare Kette von britischen Sherman-Panzern, ausgerüstet mit Flammenwerfern und Bordkanonen. Eines war klar: Ein Panzertreffer, und der Name unserer Familie hätte aus den Kirchenbüchern gestrichen werden können.

Meinem Vater blieben nur zwei Optionen: Umdrehen und versuchen zu fliehen oder durchstarten, den Panzern entgegenfahren und die Toreinfahrt erreichen. Das alles in der Hoffnung, dass der Führungspanzer sich nicht zum feuerspeienden Drachen entwickelte. Mein Vater entschied sich für die zweite Alternative.

Ich habe noch heute die Angstschreie meiner Mutter im Ohr, als unser DKW mit Höchstgeschwindigkeit auf die britische Panzerkette zuraste, dabei permanent mit dem rechten Blinker den Richtungswechsel anzeigend, um letztendlich laut hupend in die geöffnete Toreinfahrt einzubiegen und dann mitten auf dem Hof zum Stehen zu gelangen. Es war kein Schuss gefallen.

»Das war knapp«, sagte mein Vater, als er ausstieg und unsere Vermieterin, Frau Frenzel, umarmte. »Wir verdanken unser Leben den Tommys. Die haben sich verdammt fair verhalten. Ich möchte lieber nicht wissen, wie unsere SS in einer vergleichbaren Situation reagiert hätte.«

Wenige Augenblicke später wurden wir aufgeschreckt durch einen immer stärker anschwellenden Geräuschpegel auf dem Pflaster der Syker Hauptstraße. Ein langer Verbund von mehr als hundert britischen Sherman-Panzern wälzte sich durch die Syker Innenstadt direkt vorbei an den Fenstern unseres Fluchtdomizils. Syke, das sich bereits ergeben hatte, war endgültig gefallen. War Syke auch befreit?

Das Gestapo-Büro war schon Tage zuvor geschlossen und von den schwarzbraunen »Helden« verlassen worden. Damit konnte ich natürlich noch nichts anfangen. Aber dieser Krieg war auch noch nicht vorbei. Noch hatte die Freie Hansestadt Bremen nicht kapituliert. Und sie war das erklärte Ziel der dritten britischen Division, die von Süden immer näher heranrückte. Dazu musste sie das Überschwemmungsgebiet, das von Warturm bis Dreye reichte, überqueren.

Finaler Trümmerhaufen im Ulmenring (Gröpelingen)

Ein Areal, in dessen Mitte sich auch noch ein Scheinflughafen befand.

Die deutschen Verteidigungskräfte reichten bei weitem nicht aus, um hinter der Überschwemmungszone eine geschlossene Frontlinie aufzubauen. Hierzu gab es auch nur noch wenige Flak-Geschütze, die eine Artillerie-Unterstützung hätten bieten können. Panzer waren überhaupt nicht mehr verfügbar. Von einem geordneten Widerstand konnte keine Rede mehr sein.

Die Verteidigung stützte sich somit lediglich auf die Wirksamkeit des Wassergürtels und der Straßensperren. Doch für die britischen Amphibien-Fahrzeuge, die Schwimmpanzer und die Flammenwerfer-Panzer, die Crocodils, waren diese keine unüberwindbaren Hindernisse.

Auch die vorbereitete Sprengung der von uns auf unserer Flucht noch passierten Ochtumbrücke konnte nicht mehr rechtzeitig ausgelöst werden.

Am 20. April besetzten die Engländer bereits Huchting und Stuhr. Sie schossen Flugblätter in die Stadt, in der sie die Besatzung zur Kapitulation innerhalb von 24 Stunden aufforderten. Die Bevölkerung hielt sich zu diesem Zeitpunkt fast nur noch in Kellern und Bunkern auf.

Der Bremische Gauleiter Wegener hielt am 23. April über Rundfunk noch eine Durchhalterede. Somit erfolgte keine Kapitulation in dem von den Briten geforderten Zeitfenster.

Die Folge war ein massiver Schlussangriff auf Bremen am 25. April. Zwei Tage später ergab sich schließlich der Stab des Stadtkommandanten. Hierzu war der Befehlshaber selbst, Generalleutnant Becker, psychisch offensichtlich nicht mehr in der Lage – die zu große Verantwortung hatte ihn wohl zermürbt.

Für die Stadt Bremen war der Zweite Weltkrieg vorbei. Allein bei den Luftangriffen hatten 3.852 Menschen ihr Leben verloren. Rund sechzig Prozent der Wohngebäude waren zerstört.

Nach der Unterzeichnung der allgemeinen Kapitulation am 5. Mai 1945 herrschte Waffenruhe in ganz Norddeutschland.

Am 9. Mai 1945 zogen die britischen Kampftruppen aus Bremen ab, und die Amerikaner rückten in die Stadt ein.

Bremen nach dem Krieg

Das von der Militärregierung verhängte Fraternisierungsverbot zwischen den Amerikanern und der deutschen Bevölkerung ließ sich in der Praxis nicht lange durchhalten, denn um die Stadt zu verwalten, waren die Amerikaner auf die Unterstützung durch deutsche Dienststellen angewiesen. Die amerikanischen Soldaten hebelten das Fraternisierungsverbot selbst sehr schnell aus, indem sie uns Kinder mit Süßigkeiten und Kaugummi versorgten.

Bremen wurde zur amerikanischen Enklave in der britischen Besatzungszone. Diese Enklave umfasste außer Bremen und Bremerhaven auch noch die Landkreise Osterholz-Scharmbeck, Wesermünde und Wesermarsch. Ausschlaggebender Grund hierfür war die von den Amerikanern geforderte Nutzbarkeit der Häfen.

Mit Ausnahme der A.G. Weser wurden die Werften an der Unterweser von den Amerikanern freigegeben, so dass mit den Aufräumungsarbeiten ab dem 20. Mai 1945 begonnen werden konnte. Auf der weitgehend unzerstörten Vulkan-Werft begannen die Reparaturarbeiten.

Damit kam Monate später auch mein Vater wieder ins Geschäft – als Experte für die notwendigen Gasfrei-Messungen in Schiffstanks, in denen entzündliche, flüssige Ladungen befördert wurden. Das bedeutete aber auch, dass er sich auf einen Pendelbetrieb zwischen dem ausgelagerten Labor in Syke und Bremen einzustellen hatte.

In der heutigen Hermann-Böse-Schule wurde ein Internierungslager eingerichtet, in dem die Amerikaner Nazis in Gewahrsam hielten, die im Dritten Reich höhere Ränge besetzt hatten. Bis zum 23. Juni 1945 wurden über tausend NS-Parteifunktionäre und Mitglieder von den Amerikanern verhaftet.

Die Stadt Bremen löste sich erstaunlich schnell aus ihrer Agonie. Schon im Juni nahmen die Gerichte ihre Arbeit wieder auf. Im Juli konnten Post, Wasserwerk und die Getreideanlage wieder in Betrieb genommen werden. Nach Herstellung der Minenfreiheit auf der Unterweser wurde der Schiffsbetrieb in den Stadtbremischen Häfen wiedereröffnet.

Am 21. Oktober 1945 veranstaltete das 115. Infanterie-Regiment der US-Army ein Kinderfest auf dem Sportplatz an der Ostseite des Weserstadions. Das Fraternisierungsverbot war damit endgültig vom Tisch. Die Kinder kehrten mit großen Beuteln Süßigkeiten nach Hause.

Das Tauschobjekt: Selbstgebrannter Schnaps

Meine Familie blieb vorerst noch in Syke. Die Lebensmittelversorgung und auch die Infrastruktur waren auf dem Lande bis Ende der 1940er-Jahre erheblich besser als in Bremen und in anderen Städten. Während viele Städter darauf angewiesen waren, sich bei den Bauern mit »schwarz« geschlachtetem Schweinefleisch zu versorgen, machte sich mein Vater ein ganz anderes Privileg zunutze.

Im Gegensatz zu einer großen Zahl von unprofessionellen Schwarzbrennern, die mit ihren primitiven, selbstgebastelten Destillationsapparaturen nicht in der Lage waren, den sich in den Destillaten anreichernden, hochgiftigen Methylalkohol sorgfältig abzutrennen, verfügte er in seinem Syker Labor über hochwertige Destillations- und Rektifizierkolonnen. Somit konnte er jederzeit einen qualitativ sauberen, methylalkoholfreien Schnaps auf Zuckerrüben- oder Kartoffelbasis herstellen.

Die unprofessionelle Schwarzbrennerei führte in der frühen Nachkriegszeit zu einer Fülle schwerster Vergiftungs-, Erblindungs- und Todesfälle. Diese Gefahr hatte sich schnell herumgesprochen, zumal eine Antidot-Therapie damals noch nicht bekannt und praktikabel war. Mit dem aus seinem Labor stammenden Schnaps hatte sich mein Vater eine Sonderstellung gesichert. Er verfügte über ein hochbegehrtes Tauschobjekt, denn die Folgen des Krieges ließen sich für viele nur unter Alkoholeinfluss ertragen. Für unsere Familie war das ein unschätzbarer Vorteil, da die Beschaffung von Grundnahrungsmitteln mit dieser »Tauschwaffe« auf dem Lande keine Probleme darstellte.

Im Gegensatz zu uns waren die meisten Städter darauf angewiesen, ihren verbliebenen Schmuck oder teure Textilien als Tauschobjekt anzubieten. Gelegentlich brachten sie auch Schokolade, Geschenke der amerikanischen Besatzungstruppen, mit aufs Land.

Bei diesen Schnapstauschfahrten durfte ich meinen Vater zeitweilig begleiten. Wenn er mit seinem DKW auf dem Hof der Bauern vorfuhr, wurde ihm in der Regel ein freundlicher Empfang bereitet.

»Ich habe euch was mitgebracht«, rief er. »Dreimal dürft ihr raten: FF. Fusel vom Feinsten.«

»Leute, alle mal anfassen«, rief der Bauer. »Der Giftmischer ist wieder da. Hat seinen Bengel gleich als Abschmecker mitgebracht. Wir können das ja heute mal durchziehen wie bei Wilhelm Tell. Keinen Apfel von der Birne schießen – aber der Sohn probiert zuerst.«

Mein Vater schüttelte den Kopf. »Das taugt nicht als Reinheitsbeweis. Der fällt nach einem Glas sowieso gleich um. Ich werde mit dem dicken Fritz eine Flasche seiner Wahl öffnen und gemeinsam verkosten.«

Damit war man einverstanden. Bedauerlicherweise fand mein Vater selbst auch Geschmack an seinem Destillat und war nach einer Stunde betrunken und fahrunfähig. Nach einer zweistündigen Erholungspause auf dem Sofa im Bauernhaus fühlte er sich dann wieder fit und startete das Auto. Polizeikontrollen auf dem Lande waren zu jener Zeit nicht üblich.

Dennoch blieb es nicht aus, dass mein Vater bei einer Alleinfahrt im Straßengraben landete. Nachdem er seelenruhig und unverletzt seinen Rausch ausgeschlafen hatte, bedurfte es dann eines Treckers, um ihn aus seiner misslichen Lage zu befreien.

Mit der Flucht nach Syke und dem bald darauf folgenden Ende des Krieges veränderten sich die Lebensumstände dramatisch für mich. Ich schlief nachts nicht mehr komplett angezogen zwischen meinen Eltern, sondern in einem eigenen Bett. Die Angst vor nächtlichen Fliegerangriffen war verflogen. Die Alarmsirenen blieben stumm. Warnansagen über den Rundfunk gab es nicht mehr.

Inzwischen fuhren wieder Züge ohne Sicherheitsunterbrechung in dunklen Waldabschnitten und ohne die Notwendigkeit, dass sich die Fahrgäste zum Schutz vor Fliegerangriffen unter den Waggons oder abseits der Bahnstrecke verstecken mussten. Im Gegenteil: Jetzt waren die Züge so hoffnungslos überfüllt, dass die Menschen draußen auf dem Peron standen oder auf dem Dach des Zuges saßen. Es war die Zeit der Hamstereinkäufe auf dem Lande.

Dank der Destillierkünste meines Vaters war unsere Familie nicht darauf angewiesen, den Nervenkitzel derartiger »Zugreisen« auszukosten. Wir befanden uns, gelinde gesagt, in einer begnadeten Ausnahmesituation. Natürlich gab es noch keine Luxusgüter. Auch Südfrüchte gehörten nicht zum Warenangebot. Meine erste Banane hielt ich erst fünf Jahre nach dem Krieg in den Händen. Eine Nachbarsfrau hatte sie mir geschenkt. Aber Fleisch, Brot, Milch, deutsches Gemüse, Steckrüben und Kartoffeln gab es.

Unsere Familiensituation war durch die Tatsache gekennzeichnet, dass ich mit einem in zivil befindlichen Vater aufwuchs und somit während der Kriegsphase bei einer Vertrauensperson Anlehnung finden konnte. Einen Vater in Uniform, der in vielen Fällen nicht aus dem Krieg zurückkehrte, dieses Bedrohungspotenzial hat es für mich nicht gegeben. Das sah bei vielen meiner Mitschüler und Freunde ganz anders aus.

Mein Vater war in der Lage, sich vor Ort um seine Familie zu kümmern. Mit der Beauftragung der messtechnischen Arbeiten auf den Werften wuchs allerdings auf ihn der Druck, der Partei beizutreten, und er wurde ein kleiner PG (Parteigenosse). Mein Vater fand hiermit ein Sprungbrett auch für die Zeit nach dem Krieg in ein selbstständiges Berufsleben. Andere Beschäftigungen für einen unabhängigen Chemiker wurden zu jener Zeit nicht angeboten.

Für den Fall einer völlig hoffnungslosen Situation bei Kriegsende besaß mein Vater noch eine letzte Option: Als Chemiker hatte er labortechnischen Zugriff auf bestimmte Chemikalien, darunter auch Zyankali, das ansonsten nur illegal erworben werden konnte. Besaß er damit auch eine Entscheidungshoheit gegenüber seiner Familie? Diese Frage habe ich mir später noch oft gestellt. Zum Glück brauchte er diese letzte Karte niemals zu ziehen.

Mit dem Rad zur Gellertstraße

Unsere Flucht ins benachbarte Syke war eine Ausnahmesituation. Freunde und Verwandte hatten während der letzten Bombardierungen in der Stadt bleiben müssen. Was war mit ihnen geschehen?

Vor allem eine Frage trieb meine Mutter um: Lebten ihre Eltern noch?

Eine Telefonverbindung zu den alten Leuten bestand nicht. Genauso wenig hatten wir Informationen darüber, ob unser stark beschädigtes Wohnhaus die letzten Kriegstage überstanden hatte.

Eine Autofahrt nach Bremen war anfänglich nicht ratsam. Es hätte die Gefahr bestanden, dass der Wagen sofort beschlagnahmt worden wäre. Darüber hinaus befanden sich die Ausfallstraßen von und nach Bremen in einem kaum befahrbaren Zustand. Die große Weserbrücke, die Verbindung zwischen Neustadt und Altstadt sowie den östlichen Stadtteilen, war gesprengt worden. Es existierte nur eine Notbrücke für den Fußgängerverkehr.

Mein Vater lieh sich daher ein Herrenfahrrad von unseren Vermietern, wobei vorn auf der Stange ein Kindersitz für mich montiert wurde. An einem Junimorgen radelten wir los. Wir hatten keine Ahnung von dem, was uns bevorstand. Es war schon recht warm um diese Jahreszeit und mein Vater geriet gehörig ins Schwitzen. Außerdem nervte ich ihn mit meinen Fragen.

»Was ist, wenn Oma und Opa tot sind?«

Mein Vater schüttelte nur den Kopf und antwortete nicht. Was sollte er auch sagen?

»Was ist, wenn unser Haus weg ist?«

»Dann ist es eben weg«, sagte er trotzig. »Und irgendwann wird ein neues gebaut.«

»An derselben Stelle?«

»Vielleicht.«

»Ich will, dass das Haus weg ist.«

»Warum das denn?«

»Es ist alt und kaputt.«

»Man kann alles reparieren.«

»Und wenn Oma und Opa tot sind?«

»Das kann man nicht reparieren.«

»Dann sollen die nicht tot sein.«

»Sind sie wahrscheinlich auch gar nicht.«

»Was glaubst du, sind die tot?«

»Ich glaube gar nichts. Glauben tun sie in der Kirche und in der Partei. Und du solltest auch nicht mehr darüber nachdenken. Das Denken überlasse besser den Pferden. Die haben größere Köpfe.«

Das war eine der typischen Gespräche mit abschneidenden Phrasen meines Vaters. Vor allem, wenn ich mich für irgendein Fehlverhalten mit den Worten »ich glaubte« oder »ich dachte« entschuldigen wollte.

»Papa, bist du in der Partei?«, bohrte ich weiter.

»Es gibt keine Partei mehr«, sagte mein Vater lakonisch. »Die Partei, das waren Nazis. Und das waren Schweine. Aber nicht alle.«

»Aber du warst doch in der Partei, oder?«

»Das musste sein. Das war wichtig für unsere Familie.«

Eine Gesprächspause entstand.

»Und das mit dem Haus ist übrigens nicht so, wie du dir das vorstellst«, sagte mein Vater nach einer Weile.

»Wie ist es denn?«

»Es gehört nicht uns, sondern Herrn Wolters, der das Erdgeschoss bewohnt. Wir sind nur seine Mieter.«

»Aber warum ist Herr Wolters so selten da?«

»Herr Wolters ist Junggeselle und war wegen einer Krankheit vom Wehrdienst freigestellt. Er hat eine Freundin – oder zwei. Was weiß ich. Er schläft nicht gern allein zu Haus. Deshalb sieht man ihn so selten.«

»Dann braucht er die Wohnung unten doch gar nicht. Und bei uns ist es so eng.«

»Manchmal braucht er sie doch. Zum Feiern oder so. Aber das verstehst du noch nicht.«

»Das sagst du jetzt nur so.«

»Vielleicht.«

Wir fuhren durch Melchiorshausen und bemerkten, dass, je mehr wir uns Bremen näherten, die Überreste des Krieges sichtbar wurden. Von der Artillerie zerschossene Häuser, tiefe Bombentrichter und zerfetzte Bäume säumten unseren Weg.

»Wollen wir nicht lieber umkehren?«, fragte ich zaghaft.

»Wir haben zwei Ziele. Hast du das vergessen?«

»Nein, aber es ist ja alles kaputt.«

»Du vergisst, dass wir den Krieg verloren haben. Unser Land wird wieder ganz von vorn anfangen müssen. Und wir werden das schaffen«, sagte mein Vater mit fest entschlossener Stimme.

Dann passierten wir die unzerstört gebliebene Ochtumbrücke. Wenig später hatten wir den südlichen Stadtrand von Bremen erreicht.

Bei der Durchfahrt durch Brinkum erlitt unser Fahrrad einen Plattfuß. Das hatte gerade noch gefehlt. Flickzeug war nicht zur Hand. Wir waren auf fremde Hilfe angewiesen.

Als wir unser Rad durch das Brinkumer Ortszentrum schoben, fiel uns auf, dass ein ganzer Block Häu-

verbrannt war. Es handelte sich aber nicht um einen Bombardierungsschaden, bei dem alles in Schutt und Asche gelegt worden war. Ein Mann, den wir auf der Straße wegen einer Reifenreparatur angesprochen hatten, erzählte uns, dass der Brandschaden durch den Einsatz von Flammenwerfern der englischen Truppen entstanden sei, die in diesen Häusern eine tatsächlich vorhandene SS-Division vermutet hätten. Der Mann verwies uns auf einen kleinen Hof, der an die verkohlten Häuser angrenzte.

»Dort hält sich unser Fahrradhändler auf. Sein Laden ist verbrannt. Vielleicht kann er Ihnen ja irgendwie helfen.«

Wir klopften gegen die Tür eines baufälligen Holzschuppens. Ein älterer Mann öffnete und schaute uns fragend an.

»Was gibt's denn?«

Mein Vater wies auf unser Fahrrad und sagte nur. »Plattfuß und kein Flickzeug weit und breit.«

Der Mann nickte. »Warten Sie einen Augenblick.«

Dann kam er zurück mit einem Stück Schlauchgummi, mit dem er ein großes Loch im Reifen abdichtete. Der Schaden war behoben. Mein Vater war erleichtert.

»Vielen Dank«, sagte er. »Ohne Sie wären wir aufgeschmissen gewesen. Wir müssen noch nach Bremen und zurück nach Syke. Ich kann Ihnen leider kein Geld anbieten. Wie wäre es mit ein paar selbstgedrehten Zigaretten?«

»Besser als Geld«, sagte der Mann. »Hier kann man sowieso nichts mehr kaufen. Nachdem die SS ein Munitionslager eingerichtet hatte, ist Brinkum heftig unter Beschuss gekommen. Schließlich ist der ganze Dreck in die Luft geflogen, auch die Mühle und die Kirche sind mit abgebrannt. Viele Soldaten sind hier noch in den letzten Kriegstagen gefallen. Wir mussten sie auf Befehl der Engländer unverzüglich begraben.«

Der Fahrradexperte zündete sich eine von den Zigaretten meines Vaters an und blies genüsslich einen Rauchkringel in die Luft.

»Eigener Anbau?«, fragte er grinsend.

»Natürlich, Modell Kippe.«

»Natürlich, was sonst. Schmeckt aber trotzdem. Und gute Fahrt nach Bremen.«

Wir stiegen auf unser wieder funktionsfähiges Fahrrad und setzten unseren Weg fort. Nach einer Stunde erreichten wir die Bremer Neustadt. Langsam wurde die Spannung unerträglich. Wir befanden uns nur noch einige hundert Meter vom Hause meiner Großeltern entfernt.

»Was machen wir, wenn das Haus nicht mehr steht?«, fragte ich.

»Dann müssen wir uns bei allen Leuten in der Straße erkundigen, wo Oma und Opa abgeblieben sind. Wir können jetzt nur noch hoffen.«

Die nahegelegene Kirche, die meine Großeltern regelmäßig besuchten, hatte den Krieg fast unbeschädigt überstanden. Das mochte vielleicht ein gutes Zeichen sein. Dann bogen wir in die Gellertstraße ein. Das kleine Haus inmitten zweier Reihenhäuser. Es war noch da.

Auf ein aufmunterndes Kopfzeichen meines Vaters drückte ich die Klingel. Nichts regte sich.

»Länger«, sagte mein Vater. »Du musst Sturm klingeln.«

Dann endlich. Schlurfende Schritte. Ein Schlüssel drehte sich im Schloss. Die Tür wurde geöffnet. Mein Großvater starrte uns mit weit aufgerissenen Augen an. Er drückte mich an sich und stammelte wirres

Zeug. Dann umarmte er seinen Schwiegersohn, also meinen Vater, und fand langsam seine Stimme zurück.

»Käthe«, rief er. »Käthe, die Kinder sind da.«

Meine Großmutter tauchte im Türrahmen auf. Aufgelöst in Tränen.

»Wo ist Maria?«, waren ihre ersten Worte. »Wo ist meine Tochter?«

»Maria ist in Syke geblieben. Wir haben nur ein Fahrrad. Es geht ihr gut«, beruhigte sie mein Vater.

Die alten Leute wollten uns an diesem Tag nicht mehr gehen lassen. Und wir wollten auch noch gar nicht weiterfahren. Wer konnte wissen, welcher Anblick sich in Schwachhausen angesichts unseres Wohnhauses bieten würde.

Die Stimmung war auffallend gedrückt. Mein Vater hatte ein Gespür dafür.

»Was ist los? Ihr habt uns so viel berichtet, aber irgendetwas verschweigt ihr.«

Mein Großvater nickte. »Es wird ein furchtbarer Schlag für Maria sein. Ihre beste Freundin, die Kunstmalerin Elisabeth Herrendorf, hat es beim Fliegeralarm nicht mehr in den Bunker geschafft. Sie ist mit ihren vier Kindern im Keller geblieben, und das Haus wurde von einer Brandbombe getroffen. Sie sind alle verbrannt. Ihr Mann Erich war zu diesem Zeitpunkt bereits in britische Kriegsgefangenschaft geraten und hat den Krieg überlebt.«

Ein langes Schweigen entstand.

»Entsetzlich«, sagte mein Vater schließlich. »Das kann ich Maria gar nicht erzählen.«

»Käthe und ich haben hier viel Glück gehabt«, ergänzte mein Großvater. »Absolute Sicherheit gibt es nirgendwo.«

»Ich habe für uns alle gebetet«, fügte meine erzfromme Großmutter hinzu. »Gott hat meine Gebete erhört.«

»Aber als das mit Elisabeth passierte, war er wohl gerade auf dem Klo«, ging mein dem Glauben eher abholder Vater dazwischen.

Meine Großmutter verließ wortlos das Zimmer. Aus dem Nebenzimmer drang plötzlich ein lautes Piepsen an mein Ohr.

»Was ist das?«, fragte ich.

»Das ist Hansi. Unser Kanarienvogel. Er hat den ganzen Krieg in seinem Käfig in der Küche überlebt.«

Hansi war ein Phänomen. Die Brand- und Splitterbomben, die in unmittelbarer Nachbarschaft niedergegangen waren, hatten seine Lebensfreude nicht beeinträchtigt. Er lebte in seiner kleinen heilen Vogelwelt. Und er war dankbar für die geringste Aufmerksamkeit, die ihm entgegengebracht wurde.

»Wie alt können Kanarienvögel werden?«, fragte ich.

»Bis zu zehn oder zwölf Jahre. Ein Alter, das viele Menschen in dieser Zeit nicht erreicht haben.«

»Aber es ist ein Leben in einem Käfig.«

»Das ganze Leben kann ein Käfig sein, aber das verstehst du erst später«, sagte mein Vater.

Immer wenn ich etwas genauer wissen wollte, hieß es: »Das verstehst du noch nicht.« Wahrscheinlich waren die Erwachsenen nur zu faul zum Erklären, oder sie kloppten einfach nur ihre großmäuligen Sprüche.

Meine Großmutter erschien wieder. Sie kam aus der Küche und verkündete. »In einer halben Stunde können wir essen. Es gibt Himmel und Erde.«

Verdammter Mist. Zwischen Himmel und Erde gab es wahrscheinlich kein Gericht, das ich so verabscheute wie Himmel und Erde. Der Name stand für eine norddeutsche Spezialität bestehend aus Birnen und Kartoffeln.

Meine Großeltern hegten und pflegten in ihrem Garten einen mächtigen Birnbaum, von dessen Erträgen mehrere Großfamilien hätten ernährt werden können. Im Laufe der Jahre hatte sich bei mir eine abgrundtiefe Abneigung gegen den Geschmack von Birnen entwickelt. Aber zu jener Zeit waren die Lebensmittel knapp, und da verbot mir mein Vater jegliche Widerrede gegen die Kochkünste meiner Großmutter.

Die Nacht verbrachten wir im Hause der Großeltern. Mein Vater schlief auf der Couch und ich wurde wie im Krieg in der Bettmitte zwischen Oma und Opa einquartiert.

Am nächsten Morgen fuhren wir weiter nach Schwachhausen.

Die große Weserbrücke war noch vor dem Einmarsch der Engländer gesprengt und inzwischen durch eine provisorische Hängebrücke ersetzt worden. Dort konnte das Fahrrad nur geschoben werden. Dennoch standen wir eine halbe Stunde später vor unserem Haus. Es sah schmutzverkrustet und baufällig aus – als Folge der Sprengbombe in einem benachbarten Garten. Dort hatte sich ein großer Erdtrichter, der jetzt zur Hälfte mit Regenwasser zugelaufen war, gebildet. Das Haus stand aber noch in seinen Grundfesten. Jedoch war es so stark beschädigt, dass es nicht bewohnbar war. Strom, Wasser und Licht waren aktuell nicht verfügbar, das Dach zum Teil undicht. Eine sofortige Rückkehr aus Syke war bei dieser Wohnsituation keine Alternative.

»Wann können wir wieder nach Hause?«, fragte ich meinen Vater auf dem Rückweg. »Ich will wieder nach Bremen.«

Der Hintergrund war, dass ich mich in Syke meistens

langweilte. Ich hatte dort keine Freunde, und Spielgelegenheiten ergaben sich viel seltener als in der Stadt. Außerdem wollte ich auch nicht in Syke zur Schule gehen.

Mein Vater versuchte, mich zu beruhigen. »Wir werden nicht ewig in Syke bleiben. Ich muss meine Labortätigkeit so schnell wie möglich wieder nach Bremen verlegen. Den Schnaps kann ich auch dort destillieren. Aber das Haus muss komplett repariert werden. Und das kann dauern. Darüber entscheidet nur Herr Wolters, der Eigentümer.«

Als wir nach unserer Rückfahrt in Syke wieder vom Rad stiegen und meine Mutter uns mit bangem Blick entgegenkam, reckte mein Vater den linken Daumen in die Höhe, um ihr sofort zu signalisieren, dass ihre Eltern das Kriegsende überlebt hatten. Wir berichteten ausführlich über das meiste, was wir in den letzten zwei Tagen zu sehen und zu hören bekommen hatten.

Nur auf die Frage nach Elisabeth Herrendorf antwortete mein Vater ausweichend. Die Großeltern hätten seit Wochen nichts von ihr gehört. Dabei schaute er mich mit hochgezogenen Brauen an, um sich meines Schweigens zu vergewissern. Meine Mutter würde es noch früh genug erfahren. Vielleicht konnte er sie auch durch den vagen Hinweis, dass man seit geraumer Zeit nichts von ihr gehört habe, in eine pessimistische Erwartungshaltung bringen und sie somit langfristig auf die verheerende Nachricht vorbereiten.

Mein Ausbruch

Die nächsten drei Monate blieben wir in unserem Syker Domizil. In Bremen ließ der Hausbesitzer Wolters in der Zwischenzeit das Wohnhaus mit bescheidenen Mitteln soweit instand setzen, dass es wieder bewohnbar war.

Mein Vater wurde zum Pendler, da es ihm gelang, in einem angemieteten Keller eines Bremer Wohnhauses eine kleine Laboreinheit zu installieren. Allein von den Schnapstauschgeschäften auf dem Lande war der Lebensunterhalt nicht dauerhaft zu gewährleisten.

Doch dann kam der Tag, an dem ich weg wollte aus diesem kleinstädtischen Umfeld mit all seiner dörflichen Geborgenheit. Es erreichten uns immer mehr Flüchtlinge aus dem Osten, die nichts als eine Bleibe suchten. Menschen mit zum Teil erloschenen Gesichtern, die fürchterliche Dinge erlebt hatten. Sie waren nicht sehr kontaktfreudig und nur mit sich selbst beschäftigt.

Aus dem an unsere Wohnung angrenzenden Krämerladen hatte ich einige Lebensmittel gestohlen: Brot, Wurst und etwas Käse sowie ein Getränk, das nach Fruchtsaft schmeckte. Ich hatte alles in einem Rucksack verstaut, den ich in einem Schuppen gefunden hatte.

Mein Vater war nach Bremen gefahren und meine Mutter hatte sich mit einigen Frauen getroffen, die sich mit Näharbeiten beschäftigten.

Ich hatte es nicht besonders eilig – das Ganze sollte auch nicht wie eine Flucht aussehen. Ich ließ mich einfach treiben, ohne ein bestimmtes Ziel vor Augen zu haben. Irgendwann erreichte ich das kleine Flüsschen, die Hache, an deren Böschung ich mich niederließ.

Der Blick über die satten grünen Weiden und die in

ihnen sprießende Pracht von bunten Wiesenblumen war das komplette Kontrastprogramm zu der von Verwüstung geprägten Stadtlandschaft.

Aber dafür war ich an jenem Tage nicht empfänglich.

Ich wollte weg von den Erwachsenen. Weg von ihren dauernden Zukunftsängsten. Weg von ihren Klagen, wie es denn nun weitergehen solle. Und weg von ihrer Trauer um das Verlorene. Mein Leben lag noch vor mir, und es musste ja nicht unbedingt bedeuten, in einen neuen Krieg zu ziehen, den wir wahrscheinlich wieder verlieren würden. Ohnehin war mein Bedarf an Krieg gedeckt. Da musste es ja auch noch etwas anderes geben.

Ich packte den Rucksack aus und verzehrte mit großem Behagen ein Stück von der Mettwurst. Noch ein Schluck aus der Fruchtsaftflasche, und es konnte weitergehen.

Die Sonne stand hoch am Himmel und der Schweiß begann von meiner Stirn zu rinnen. Eine beinahe feierliche Stille lag über dem Land. Am liebsten hätte ich in dem Fluss gebadet, aber ich konnte noch nicht schwimmen. Trotzdem kletterte ich die Böschung hinunter und schaufelte mir das klare, frische Wasser mit den Händen ins Gesicht. Danach fühlte ich mich besser und setzte meinen Weg fort.

Von weit her hörte ich einen Hund anschlagen. So ganz allein war ich hier wohl doch nicht.

Das Städtchen Syke verschwamm im Rückblick. Die warme Luft roch intensiv nach unbekannten Blumen. Im Vordergrund dehnte sich eine dunkle Waldkette. Das Glitzern des Flusses wirkte auch mich wie ein gleißender Funkenregen. Dann tauchten am waschblauen Himmel einige Wolkensträhnen auf.

Meine Eltern, unser Domizil in Syke – das alles

erschien mir plötzlich unendlich weit weg. Wollte ich überhaupt dorthin zurück?

Allmählich veränderte sich der Horizont. Die Farbe des Himmels wanderte im Westen über eine Skala von dunkelviolett zu schmutziggrau.

Ich verstand noch nicht viel von Gewittern. Aber mich überkam dennoch ein ungutes Gefühl. Eine Vogelschar löste sich aus den Wiesen und flog kreischend an mir vorbei. Sollte das eine Warnung sein?

Ich beschleunigte meine Schritte und gelangte auf einen Hohlweg, der von dichtem Buschwerk umstanden war. Ein leichter Wind kam auf, dann hörte ich ein tiefes Grummeln, während der Himmel sich weiter einschwärzte. Ein erster Blitz zerschnitt in der Ferne das Firmament. Jetzt wurde auch der Donner lauter, und der Wind nahm weiter zu. Ich hatte das Gefühl, dass es gleich anfangen würde zu regnen.

In der Ferne konnte ich ein Haus erkennen. Es war das einzige weit und breit. Der Wind kam jetzt in Böen und erste dicke Regentropfen prasselten herab.

Dann war das Gewitter über mir. Blitze schleuderten ihre Feuerlanzen durch schwarze Wolkenfelder und entluden sich unmittelbar darauf in einem ohrenbetäubenden Donnerschlag. Dem Luftkrieg war ich durch Flucht in den Bunker entronnen; jetzt schien mich die Natur aufs Korn zu nehmen.

Ich rannte auf das Bauernhaus zu und drückte die Klinke. Das Haus war verschlossen. Niemand öffnete auf mein Rufen. Hinter dem Bauernhaus befand sich noch eine Scheune. Mit größter Anstrengung gelang es mir, das schwere Scheunentor so weit aufzudrücken, dass ich durch einen Spalt ins Innere hineinschlüpfen konnte. Die Scheune beherbergte einige Ackerbaugeräte sowie einen großen Strohhaufen.

Ich zog mich vollständig aus und breitete die nassen Klamotten auf dem Strohhaufen zum Trocknen aus. Ich fand einen alten Kartoffelsack, der als Schlafunterlage auf dem Strohhaufen dienen konnte. Draußen blitzte, krachte und regnete es weiter. Eine bleierne Müdigkeit überkam mich und ich begann, auf dem Sack zu dösen, ohne dass ich eine etwaige Sehnsucht zur Rückkehr ins Elternhaus verspürt hätte.

Ich musste eingeschlafen sein. Als ich wieder aufwachte, hatte sich das Gewitter beruhigt. Ein fernes Grollen war noch zu hören. Offenbar war das Unwetter weitergezogen. Auch die schon tiefer im Westen stehende Sonne lugte zwischen Wolkenfeldern hervor. Ich trug meine immer noch tropfnassen Textilien nach draußen und legte sie auf einem großen Findling neben dem Haus ab.

Nackt bis auf die Sandalen – Jesuslatschen, wie mein Vater sie nannte – begab ich mich noch einmal auf Erkundungstour, um nun in aller Ruhe zu untersuchen, was es mit dem verschlossenen und vernagelten Bauernhaus auf sich hatte.

Auf der Rückseite des Hauses entdeckte ich ein Fenster in Kniehöhe. Einige Nägel waren locker und die meisten Bretter ließen sich ohne große Mühe vom Holzrahmen lösen. Ich zerschlug das freigelegte Fenster mit einem Stein und drosch mit einem heruntergefallenen kräftigen Ast die Scherbenreste aus dem Rahmen. Dann stieg ich ein.

Im Hause war es dunkel und roch muffig. Ich tastete mich vorsichtig von Zimmer zu Zimmer. Es gab zwar Lichtschalter, aber keinen Strom. Ich stieg langsam die Treppe hinauf, wobei ich mich am Geländer festhielt. Bis auf einige Stühle, Tische und Schränke waren die Zimmer leergeräumt. Ich öffnete einen der Schränke und stellte fest, dass die Kleiderbügel durchgängig mit Jacken und Hosen bestückt waren. Auf den oberen Ablageregalen konnte ich nach Besteigen eines Stuhles auch noch einen Satz von Mützen entdecken. Bei den Jacken und Hosen handelte es sich ausschließlich um männliche Bekleidungsstücke.

Ich suchte mir das augenscheinlich kleinste Modell unter den Jacken und Hosen aus, das für mich aber immer noch viel zu groß war. Alle Hosen waren mit Gürteln und Koppelschlössern ausgestattet.

Ich nahm eine Jacke mit, ging die Treppe hinunter und hing sie zunächst über den Rahmen des eingeschlagenen Fensters. Auch eine der Mützen ließ ich mitgehen. Dann kletterte ich wieder ins Freie.

Ich stieg in eine schwarze Hose, deren Beine ich mehrfach umkrempelte, und zog den Gürtel bis zum Anschlag zu. Als ich in die Jacke schlüpfen wollte, erstarrte ich: Es war eine schwarze Uniformjacke mit dem mir bekannten SS-Emblem – den zwei nebeneinanderliegenden, blitzähnlichen, weißen »Sig-Runen« im schwarzen Feld auf dem Kragenabschnitt. Egal – ich brauchte jetzt trockenes Zeug, und da kam mir diese gleichfalls zu große Jacke gerade recht. Dann warf ich nochmals einen Blick auf die Mütze, deren Schirm ein Totenkopf zierte.

Ich setzte mir eine der Mützen auf, und die Maskerade war komplett: ein siebenjähriger SS-Mann in Vollmontur. Der Führer hätte seine Freude an mir gehabt.

Ich kletterte ein zweites Mal in das Bauernhaus. Auf der Tenne im Erdgeschoss war mir eine große Kiste aufgefallen. Vielleicht bewahrte diese ja ein Geheimnis, das ich jetzt als Erster entschleiern konnte.

Die Kiste war mit einem überkragenden Deckel bedeckt. Und dieser Deckel war ganz offensichtlich nicht mit einem Schloss gesichert, denn mit einiger Mühe ließ er sich ein Stück weit anheben. Um den Deckel ganz aufzurichten, war ich zu klein. Ich bestieg daher einen Stuhl und hob den Deckel aus der Kniebeuge an. Und dann erstarrte ich nochmal: Die Kiste war bepackt mit Karabinern, Handgranaten, Panzerfäusten, Gewehrmunition und Revolvern. Ein komplettes Waffenarsenal.

Ich ließ den Deckel krachend wieder auf die Kiste fallen und fühlte mich für einen Moment wie der Entdecker eines unbekannten Schatzes. Dieses verbretterte und verlassene Gebäude war jetzt mein großes Geheimnis. Dann verließ ich das Bauernhaus auf dem gleichen Wege, wie ich gekommen war.

Inzwischen war die Sonne hinter dem Horizont versunken, und eine dunkelblaue Dämmerung senkte sich über das Land. Ich verbrachte die Nacht in der Scheune. Meinen Uniform-Mummenschanz behielt ich an und legte mich auf den Kartoffelsack.

Die Scheune bot allerdings nicht nur mir einen Unterschlupf, sondern auch einer Gruppe nachtaktiver Lebewesen – den Fledermäusen. Ich konnte verhuschte Flugbewegungen ausmachen und zuweilen auch eine Art von Zetern, welches mir unheimlich war.

Als mein Vater am späten Nachmittag von seiner beruflichen Tätigkeit aus Bremen zurückkehrte, war er ahnungslos und meine Mutter in Tränen aufgelöst.

»Der Junge ist weg«, schrie sie, »ich habe schon mit allen Nachbarn gesprochen. Aber keiner hat ihn gesehen.«

»Warst du schon bei der Polizei?«, hakte mein Vater nach.

»Ja, aber die wollten noch nichts unternehmen.«

»Diese Arschlöcher«, sagte mein Vater, »die wollen

warten, bis der Junge vielleicht irgendwann tot angeschwemmt oder sonstwie aufgefunden wird. Es wird übrigens sehr bald ein Gewitter geben, und wer weiß, ob der Bengel überhaupt irgendwo Schutz findet. Der weiß doch nicht mal, dass er unter großen Bäumen in höchster Gefahr ist.«

»Vielleicht hat ihn ja jemand entführt«, weinte meine Mutter.

»Um Lösegeld oder Schnaps zu erpressen? Das halte ich für sehr unwahrscheinlich. Ich hoffe nur, dass er nicht irgendeinem pädophilen, grenzdebilen Schwachkopf in die Hände gefallen ist. Hast du in den letzten Tagen veränderte Verhaltensweisen an ihm bemerkt?«

Meine Mutter schüttelte den Kopf. »Er war etwas in sich gekehrt. Aber er hat sich über nichts beklagt oder beschwert.«

Plötzlich erschien Frau Frenzel, die Inhaberin des angegliederten Gemischtwarenladens.

»Ich weiß nicht, ob es etwas zu bedeuten hat«, sagte sie, »aber aus unserer Auslage fehlen eine große Mettwurst, eine Trommel Kekse und ein großes Stück Käse.«

Mein Vater begann zu lachen. »Das ist eine sehr gute Nachricht. Die hat wahrscheinlich der Peter mitgehen lassen. Er hatte wohl einen Plan und ist aus freien Stücken abgehauen, der Sauhund. Selbstverständlich werde ich die Waren sofort bezahlen.«

Frau Frenzel hob abwehrend die Hände. »Die Lebensmittel schenke ich ihm. Hauptsache, er kommt gesund wieder nach Hause.«

»Auf jeden Fall können wir jetzt davon ausgehen, dass der Bengel nicht entführt wurde. Er hat seinen Ausriss geplant.« Für die Eltern bedeutete diese Erkenntnis eine spürbare Erleichterung. Indes – noch war der Ausreißer nicht gefunden, und ein solches Abenteuer konnte auch ein nicht absehbares Ende haben.

Mein Vater verließ das Haus im Eilschritt. »Ich werde einen Suchtrupp zusammentrommeln«, rief er meiner Mutter zu.

Dann brach das Gewitter los. Ungeachtet der Unbilden der Natur gelang es ihm, fünf Männer aus der Nachbarschaft aufzutreiben, die bereit waren, die sofortige Suche nach seinem Sohn aufzunehmen.

Inzwischen wurde auch vom Polizeiposten Bereitschaft signalisiert, sich in Begleitung eines Hundeführers der Aktion anzuschließen. Die Männer teilten sich auf. Die Gruppe meines Vaters wählte den Weg in Richtung Naturpark Wildeshauser Geest. Die Polizeistaffel machte sich in Richtung Norden auf und hielt auf die Ortschaft Barrien zu. Beide Gruppen waren mit Funktelefonen ausgestattet.

Die Männer aus der Gruppe meines Vaters gingen fächerförmig vor. Man hätte sie auch für eine Kette von Treibern im Verlaufe einer Treibjagd halten können. Diese Anordnung war insofern plausibel, da mein Vater selbst Jäger war. Es hätte nur noch gefehlt, dass sie auf eine Büchsentrommel geschlagen und »Has up« gerufen hätten. Der Hase aber – das war ich. Und der saß in exakt entgegengesetzter Richtung in seiner Sasse, sprich: Scheune.

Da hatte die Polizeiformation eine bessere Ausgangslage. Sie hatte auch den Fluss, die Hache, mit in ihre Suchkoordinaten aufgenommen. Nach einer Phase des aufgeregten Umherschnüffelns schlug plötzlich der auf Man-Trailing getrimmte Suchhund an. Er hatte eine spezifische Geruchsspur aufgenommen.

Die Hündin Lara, die der Hundeführer mit sich führte, war so ausgebildet, dass sie auch im unwegsamen

Gelände menschliche Witterung aufnehmen konnte. In unserer Wohnung war Lara ein von mir getragenes Hemd als Geruchsreferenz vor die Schnauze gehalten worden. Die Hündin galt als äußerst begabt und besaß sogar Fronterfahrung aus dem gerade beendeten Weltkrieg bei der Suche nach verwundeten oder vermissten Soldaten.

Die aufkommende Dunkelheit machte beiden Suchtrupps einen Strich durch die Rechnung. Die Suche musste abgebrochen und sollte kurz nach Sonnenaufgang wieder aufgenommen werden.

Als mein Vater wieder ins Haus trat, brach meine Mutter in Tränen aus.

»Ihr habt ihn da draußen allein gelassen«, rief sie.

»Wir werden ihn finden«, entgegnete er. »Die Hündin Lara hat eine Spur aufgenommen. Aber jetzt ist es zu dunkel. Er wird irgendwo schlafen, es ist in dieser Jahreszeit nicht sehr kalt. Morgen in der Frühe geht die Suche weiter.« Natürlich waren das nicht nur Beruhigungspillen für meine Mutter. Mein Vater wusste, dass er auch für sich sprach.

Um halb fünf in der Frühe vereinigten sich beide Suchtrupps und folgten der Spürnase von Lara. Nach etwa einer Stunde nahm sie wieder Witterung an der Böschungsstelle der Hache auf, wo ich am Vortag eine Rast eingelegt hatte. Die Beamten der Polizeistaffel führten auch lange Stangen mit sich, mit denen sie über eine lange Strecke des Flusslaufs den Grund überprüften.

»Der ist nicht im Fluss«, sagte der Staffelleiter. »Das ist doch schon mal eine gute Nachricht.«

Mein Vater nickte erleichtert.

»Wir werden auf diesem Weg zunächst noch bleiben. Schließlich hat der Junge ja einen erheblichen

Zeitvorsprung«, sagte der Polizist. »Entscheidend wird das Verhalten des Hundes sein.«

Der Suchtrupp setzte seinen Weg fort. Die Sonne war inzwischen vollständig aufgegangen. Die Hündin betrieb eine sehr hektische und ausgedehnte Quersuche und stellte damit auch die Fitness ihres Führers auf eine harte Probe. Irgendwann tauchte das Bauernhaus als heller Fleck in der Landschaft auf.

»Das Haus können wir uns eigentlich schenken«, sagte der Suchtruppleiter. »Es ist seit längerer Zeit nicht mehr bewohnt und wurde komplett mit Brettern vernagelt. Da kommt keiner rein.«

Lara aber hielt mit spürbar steigender Erregung und Energie geradewegs auf dieses Haus zu.

Die Sonnenstrahlen drangen durch die Ritzen meiner Scheunenherberge. Ich war mir nicht sicher, aber plötzlich vermeinte ich näher kommende Geräusche zu hören. Nach einiger Zeit konnte ich die Geräusche identifizieren. Es waren Stimmen, in die sich ein gelegentliches Hundebellen mischte. Ich war also entdeckt worden. Eine weitere Flucht erschien ausgeschlossen. Ich setzte mir die Totenkopfmütze auf und trat vor die Scheune.

Im Sonnenglanz des frühen Morgens präsentierte ich mich in Sandalen, hochgekrempelten Armeehosen und kompletter SS-Montur als martialischer Volkssturmzwerg.

Meine Maskerade war so perfekt, dass selbst mein Vater mich nicht auf den ersten Blick erkannte.

»Was ist denn das für einer?«, waren seine ersten Worte.

Der Hund Lara dagegen hielt pfeilgerade auf mich zu und begrüßte mich schwanzwedelnd mit lautem

Gebell. Bei meinem Anblick entfuhr dem Hundeführer folgender Satz: »Da schau her – Jesus als Nazi.«

Mein Vater stürzte auf mich zu und zog mich an sich. »Sauhund. Wie kommst du an diese Sachen?«

Ich deutete auf das Bauernhaus. »Da ist noch mehr drin. Auch Waffen.«

Die Bretterverschläge im Erdgeschoss wurden von den Polizisten abgerissen und die Türen gewaltsam geöffnet.

»Hast du das Waffenlager entdeckt?«, fragte einer der Beamten.

»Ja«, sagte ich. »Und das gehört jetzt alles mir.«

Der Mann lachte. »Klar, aber vielleicht sollten wir vorher noch die Tommys fragen.«

Für die Engländer war ich ein kleiner Held. Auch die Syker Zeitung sparte nicht mit Lob. »Siebenjähriger enttarnt SS-Waffen- und Uniformlager«, lautete die Schlagzeile.

Die Waffen habe ich nicht bekommen, aber von einem Sergeant mehrere große Tafeln Cadbury-Schokolade. Das war auch nicht schlecht.

Wieder zu Hause

Ich war wieder zu Hause. Mein Vater hatte der Versuchung widerstanden, mich windelweich zu prügeln. Vielleicht auch ein Verdienst meiner Mutter, die einfach nur froh war, dass ich unversehrt wieder zurückgekommen war. Doch meine Eltern waren hin- und hergerissen zwischen Wut, Enttäuschung und Selbstvorwürfen.

Hatten sie etwas falsch gemacht? Was ging in dem Jungen überhaupt vor? War das Kind durch die Kriegsereignisse der letzten Jahre bis zur Unzurechnungsfähigkeit traumatisiert? In welchem Licht würden sie in den Augen von Nachbarn und Bekannten dastehen, wenn ein solcher Dreikäsehoch es zu Hause nicht mehr aushalten konnte.

Wenn mein Vater darauf angesprochen wurde, versuchte er, mein Verhalten mit einem frühpubertären, übersteigerten Drang nach Unabhängigkeit zu erklären, womit er nicht so ganz falsch lag. Darüber hinaus schwang auch immer ein Anflug von Stolz mit, wenn er seinen Sohn als den unerschrockenen Entdecker eines SS-Waffen- und Uniformlagers herausstellen konnte.

Die Leute lachten dann in höflicher Weise, aber Zweifel über die Lebensumstände in der Familie Keller blieben bestehen. Zumal es der Familie unter den gegebenen Verhältnissen gutging.

»Wir werden nicht mehr sehr lange in Syke bleiben«, sagte mein Vater. »Hausbesitzer Wolters in Bremen lässt gerade die nötigsten Reparaturen durchführen. Dann können wir wieder in die obere Etage einziehen. Das Parterre soll an zwei Parteien vermietet werden. Bis es soweit ist, werden wir zunächst für eine kurze Zeit in einer Hotel-Pension wohnen. Ihr seht – auch mich zieht es mit Macht zurück in die Stadt. Und der Junge muss in die Schule. Dafür kommt nur Bremen in Frage.«

Bremen – Hotel – unser Haus – Schule – andere Kinder. Das war es, was ich vermisst hatte. Meinem Vater war das Glänzen in meinen Augen nicht entgangen.

»Und?«, fragte er. »Hast du vor, auch in Bremen wieder abzuhauen?«

Ich schüttelte den Kopf. Der Familienfrieden war wiederhergestellt.

Einige Wochen später kehrten wir tatsächlich wieder nach Bremen zurück. Das Labor in Syke blieb als zweiter Geschäftsstandort noch längere Zeit bestehen.

Wir quartierten uns in einem kleinen Hotel in der Nähe des Bürgerparks ein. Das Haus hatte die Kriegsereignisse fast unbeschädigt überstanden, und wir waren in zwei Zimmern untergebracht. Das Hotel war komplett belegt mit ausgebombten Menschen und Vertriebenen aus dem Osten.

Zum Glück gab es auch einige Kinder darunter. Mit einem Jungen, Tino, dessen Vater als vermisst galt und der mit seiner Mutter ein Zimmer bewohnte, hatte ich schnell Freundschaft geschlossen.

Tino wohnte schon seit einigen Tagen in dem kleinen Hotel und hatte die nähere Umgebung bereits ausgiebig unter die Lupe genommen. Er tat sehr geheimnisvoll, wenn er über seine Entdeckungen sprach. Das störte mich anfänglich, weil ich ihn dann für einen Angeber hielt. Doch einmal hatte er wirklich ins Schwarze getroffen.

Keine zehn Fußminuten von unserem Hotel entfernt gab es einen Flak-Bunker und einen zweiten Bunker (B 31) am Rande des Bremer Bürgerparks.

Der Flak-Bunker hatte während des Krieges als Kommando-Bunker der achten Flak-Division und der Wehrmachtskommandantur gedient. Die Flakstellung auf dem Bunkerdach befand sich zwar in einem entmilitarisierten Zustand, aber die Demontage war längst noch nicht abgeschlossen.

Der Bunker hatte also während des Krieges eine besondere Rolle gespielt. Und wenn es eine Chance gab, sich dort noch ein wenig näher umzusehen, durfte man sich das keinesfalls entgehen lassen. So dachten zumindest Tino und ich.

Die ganze Sache hatte nur einen Haken: Die Bunkertüren waren verschlossen. Das galt jedoch nicht uneingeschränkt. Von Zeit zu Zeit betraten Arbeiter – aber auch Polizisten – den Bunker. Dann wurden Möbel, Aktenmaterialien und andere sperrige Güter herausgetragen und auf einen LKW geladen. Die geöffnete Tür blieb dabei minutenlang unbeaufsichtigt. Das war die Gelegenheit, auf die wir gewartet hatten. Wir schlichen uns in den Bunker und versteckten uns zunächst unter der Treppe, die in die höher gelegenen Geschosse führte.

Im Bunker war eine Notbeleuchtung eingeschaltet. Das wahllos verstreute Gerümpel im Erdgeschoss war nicht lange Gegenstand unserer Neugier. Wir hatten es primär auf die auf dem Dach installierte 8,8-Zentimeter-Flak, den sogenannten Acht-Achter, abgesehen, von dem es hieß, dass er während des Krieges viele Bomber der Alliierten vom Himmel geholt habe. Tino hatte einen älteren Schüler kennen gelernt, der ihm erzählt hatte, dass er selbst mit anderen Schülern als Flakhelfer eingesetzt worden sei und dass sie bei jedem Feindabschuss das lange Rohr der Flak-Batterie mit weißen Ringen als Abschussmarkierung verziert hätten. Und genau um diese Ringe ging es uns.

»Was heißt überhaupt Flak?«, fragte ich.

Tino war gut informiert. »Flugabwehrkanone oder so ähnlich.«

Wir harrten vorerst in unserem Versteck aus. Immer wieder kamen Leute die Treppen heruntergepoltert, zumeist fluchend über das Gewicht der von ihnen zu transportierenden Lasten. Irgendwann ebbte das Getrappel ab und verstummte schließlich ganz. Wir nickten uns zu und stiegen die Treppe bis zum Dachgeschoss hoch. Am Ende der Treppe befand sich ein breiter Anbau mit einer Tür, in der ein Schlüssel steckte. Wir drehten den Schlüssel im Schloss und konnten die Tür öffnen. Ein kräftiger Wind schlug uns entgegen, und wir standen im Freien auf dem Dach des Bunkers. Vor uns die Flak-Batterie, zumindest das, was von ihr übrig war. Auf dem Boden lagen noch massenhaft leere Geschosshülsen und Ladestreifen. Und dann kam das Wichtigste: Am Geschützrohr waren tatsächlich weiße Ringe erkennbar – die Abschussringe.

Ich zählte zwanzig. Tino kam auf einundzwanzig. Immerhin – zwanzig Bomber, das war doch was. Irgendwie waren wir stolz auf den alten, jetzt bereits in wesentlichen Teilen demontierten Acht-Achter. Natürlich steckten wir uns eine Geschosshülse als Erinnerungsstück ein und begaben uns anschließend wieder auf den Rückzug.

Nachdem wir das Dachgeschoss betreten hatten, hörten wir Schritte im Gebäude. Wir versteckten uns im dritten Geschoss hinter einem noch nicht entsorgten Bücherregal. Das Regal war weitgehend leer. Einige Bücher lagen wahllos verstreut am Boden. Hier musste sich offenbar das Büro der Wehrmachtskommandantur befunden haben. Da es sich nicht um Kinderbücher mit bunten Bildern handelte, hielt sich unser Interesse an einer Einsichtnahme in die möglicherweise spannende Kriegsliteratur in überschaubaren Grenzen.

Dann wieder laute Stimmen im Bunker. Teilweise hörten sie sich an wie Befehle. Jemand ging direkt an uns vorbei und verschloss die Tür zum Dachaustritt. Die Person entfernte sich wieder und stieg die Treppen hinunter. Nach einer Weile gab es einen lauten Knall und wir konnten keine Stimmen und Fußgeräusche mehr wahrnehmen.

»Die sind weg«, sagte ich.

Tino schaute mich kreidebleich an.

»Weißt du, was das heißt?«

Natürlich wusste ich es, aber ich wollte es nicht aussprechen. Fast gleichzeitig sprangen wir auf und rannten die Treppen hinunter bis zur Ausgangstür. Sie war verschlossen und wir saßen in der Falle.

»Scheiße«, fluchte ich. »Wenn wir nicht bis heute Abend hier rauskommen, macht mich mein Vater zur Schnecke. Außerdem gibt's hier nichts zu essen und zu trinken.«

Die Beleuchtung im Bunker war inzwischen komplett ausgeschaltet worden. Zwar drang immer noch etwas Tageslicht durch die Luftscharten einiger vergitterter Fenster ins Innere, aber das würde sich in absehbarer Zeit ändern.

Wir beschlossen, uns akustisch bemerkbar zu machen, indem wir mit einer gefundenen Rohrzange gegen die Stahltür hämmerten und dabei nach Leibeskräften um Hilfe schrien. Doch es passierte nichts.

»Es gibt noch einen Hinterausgang«, sagte Tino.

Wir tasteten uns durch das Halbdunkel und stießen endlich auf eine Stahltür. Ein vergebliches Rütteln. Die Tür war gleichfalls verschlossen.

»Was für einen Wochentag haben wir heute eigentlich?«, fragte Tino.

»Freitag«, antwortete ich beklommen. »Wenn wir Pech haben, kommen die Leute erst am Montag zurück.«

Tino geriet in Panik. »Dann sitzen wir noch drei Tage und Nächte in diesem Loch und werden wahrscheinlich verhungern und verdursten. Ich will hier raus!« Wie von Sinnen begann er wieder mit der Rohrzange auf die rückwärtige Tür des Bunkers einzuschlagen und um Hilfe zu schreien. Nach einigen Minuten brach er seine Aktion resigniert ab.

»Hier kommen nicht so viele Leute vorbei«, sagte ich. »Die Wohnhäuser stehen alle auf der anderen Seite der Parkallee. Aber Spaziergänger im Bürgerpark könnten uns vielleicht hören. Wir sollten uns aufteilen. Ich bearbeite den vorderen Haupteingang und du machst hier hinten weiter.«

Wir setzten unsere Klopfaktion fort – aber unsere Bemühungen blieben ohne jegliche Resonanz. Nach einer Weile setzten wir uns wieder zusammen.

»Was machst du überhaupt so?«, begann Tino den Versuch eines Ablenkungsgesprächs.

»Spielen«, sagte ich. »Ich habe eine Burg mit Zinnsoldaten. Auch Panzer und Kanonen. Meistens spiele ich Krieg.«

»Und wer gewinnt?«

Ich zuckte mit den Schultern. »Egal. Ich habe aber auch viele Stofftiere. Teddybären, Hasen, Rehe, Hunde und Katzen.«

»Hast du auch eine elektrische Eisenbahn?«

»Hätte ich gern gehabt. Aber mein Vater sagt, das ist nur was für ganz Reiche. Als ich in Leipzig bei meinem Opa zu Besuch war, hatten die Kinder in der Wohnung über uns eine Märklin-Eisenbahn. In der ließen sie dann lebendige weiße Mäuse mitfahren. Das war lustig.«

»Hast du schon mal Fußball gespielt?«

»Ein bisschen. Aber die Großen wollten mich nachher nicht mehr mitspielen lassen.«

»Ich bin ein guter Spieler«, sagte Tino. »Ich könnte dir Fußball beibringen.«

»Das wäre klasse, aber erst müssen wir hier raus.«

Wieder bearbeiteten wir die Stahltüren und schrien aus Leibeskräften. Das Ergebnis war ernüchternd. Niemand hörte uns.

»Sie werden uns beide suchen. Meine Eltern und deine Mutter. Sie wissen, dass wir zusammen weggegangen sind.«

»Ich glaube, für meine Mutter ist das jetzt eine richtige Scheiße«, sagte Tino. »Erst kommt mein Vater nicht aus dem Krieg zurück und jetzt bin ich weg.«

»Wann hast du deinen Vater zuletzt gesehen?«

Tino zuckte mit den Achseln. »Weiß ich nicht genau. Ist schon länger her. Er hatte ein ›Eisernes Kreuz‹ bekommen. Wir waren alle stolz auf ihn. Wahrscheinlich ist er ein Held. Und dein Vater?«

»Der war nicht an der Front. Er wurde hier gebraucht. Wegen Giftgas und so. Der hat auch immer Gasmasken im Bunker verteilt. Das mit den Gasmasken fand ich lustig. Wenn wir die bei einer Übung anlegen mussten, sahen alle Leute aus wie Pferde.«

»Oder wie Schweine«, ergänzte Tino. »Und jetzt sind wir die dummen Schweine.«

Wir taperten noch einmal durch das Erdgeschoss und entdeckten einen Wandschalter. Tino, der größere von und beiden, konnte ihn mit den Händen erreichen und drückte darauf. Eine Notbeleuchtung sprang an. Das war immerhin etwas. So mussten wir nicht die ganze Zeit im Stockdunkeln verbringen. Jetzt konnten wir den Innenbereich des Bunkers genauer in Augenschein nehmen.

Wir fanden im Erdgeschoss eine Toilette. In diesem Raum war auch ein Waschbecken installiert. Nach Aufdrehen des Hahnes sprudelte kaltes Wasser heraus. Erleichtert fielen wir uns in die Arme. Die Gefahr des Verdurstens war abgewendet. Und die Spülung der Toilette funktionierte ebenfalls.

»Lass uns noch mal in die höheren Stockwerke gehen«, schlug ich vor. »Vielleicht finden wir da ja auch noch was.«

Doch die Ausbeute blieb mager. Aschenbecher, gefüllt mit Kippen, wären etwas für meinen Vater gewesen. Der sammelte die, um sich eigene Zigaretten zu drehen. Deshalb hatte er ständig auffallend gelbe Fingerkuppen. Uns half dieser Fund aber nicht weiter. Essbares war nicht aufzutreiben. Dann entdeckten wir einen kleinen, rechteckigen, vergitterten Auslass in der Betonwand.

»Wir schlagen die Scheibe ein und schreien, so laut wir können. Dann muss man uns draußen hören«, jubilierte Tino bereits.

Doch der Eindruck trog. Der Auslass war zugemauert mit Glasbausteinen. Es bestand keine Chance, mit der Außenwelt direkten akustischen Kontakt aufzunehmen. Das hieß nichts anderes, als weiter gegen die Türen zu hämmern.

Der Blick durch die Glasbausteine erlaubte nicht einmal das Erkennen von klaren Konturen. Dennoch vermeinte ich eine schwarze Vogelschar vorbeifliegen zu sehen. Nichts als eine flüchtige und unscharfe Berührung mit der Außenwelt. Ich bildete mir sogar ein, die Vogelstimmen gehört zu haben. Doch sehr bald gab der Blick nach außen gar nichts mehr her. Der Abend hatte sich herabgesenkt.

In unserem Zwangsdomizil hatten wir einige Stühle entdeckt. Wir beschlossen, darauf die Nacht zu verbringen. Auf dem Betonfußboden zu schlafen wäre die Alternative gewesen. Trotz der Jahreszeit war es in dem nicht von Sonne durchfluteten Bunker spürbar kalt. Unsere sommerliche Bekleidung mit Lederhose, Kniestrümpfen und Kurzarmhemd war der Situation und Raumtemperatur nicht gerade angemessen. Wir froren erbärmlich.

»Wir sollten uns in dem Regalzimmer noch einmal umsehen. Vielleicht finden wir dort eine Decke oder was ähnliches«, schlug Tino vor.

Es gab keine Decke. Dagegen lag eine Reihe von Pappkartons herum, mit denen vermutlich die Bücher abtransportiert wurden. Diese ließen sich großflächig zerreißen, und man konnte sie bedingt als Kälteschutzschilde benutzen.

»Besser als nichts«, sagte der klappernde Tino. Dem war nichts hinzuzufügen.

Tino sah noch einmal prüfend hoch an den Regalen. Dabei heftete er seinen Blick auf eine bestimmte Stelle der Abdeckplatte.

»Da liegt etwas. Könnte eine Tischdecke sein. Oder ein Mantel. Das Ding müssen wir haben. Aber es ist verdammt hoch. So kommen wir nicht dran.« Er schaute sich noch einmal um. »Scheiße – keine Leiter weit und breit. Egal, ich gehe da jetzt hoch. Und du musst mich stützen.«

Ich formte mit den Händen eine Räuberleiter. Von dieser stieg er auf eine Konsole und gelangte mit den Händen zum obersten Regalboden. Das Ziel seiner Begierde konnte er aber immer noch nicht erkennen. Er verlagerte sein Gewicht auf die Zehenspitzen – da passierte es. Die Konsole brach ab, und Tino stürzte aus beträchtlicher Höhe auf den Fußboden.

Ich verfiel in eine Art Schockstarre und brachte zunächst keinen Ton heraus. Für eine Weile blieb Tino regungslos liegen. Dann richtete er langsam den Oberkörper auf und betastete Kopf und Arme. Er nickte, und das bewertete ich vorerst als gutes Zeichen. Dann zog er die Knie an und versuchte aufzustehen. Mit einem Schmerzensschrei sackte er wieder in sich zusammen, und dann sah ich es auch. Der linke Fuß war regelrecht zur Seite abgedreht.

»Der Fuß ist ab«, schrie er.

Ich schob ihm einige der Pappkartonplatten unter den Fuß. Wieder schrie er. Mehr fiel mir als erste Hilfeleistung nicht ein. Im Nebenzimmer standen noch einige leere Tassen herum.

»Ich hole dir Wasser«, rief ich. »Du kannst es ja trinken oder den Fuß damit kühlen.«

Jetzt hing alles an mir. Wir mussten nicht nur so schnell wie möglich hier raus, wir brauchten auch einen Arzt.

»Ich lass dich hier jetzt für eine Weile allein«, rief ich ihm zu. »Ich versuche, Hilfe zu holen.«

Tino hob nur mit fragendem Gesicht die Schultern und stöhnte. »Beeil dich. Ich halte das hier nicht aus.«

Ich stürzte die Treppen hinunter und nahm meine Klopftätigkeit mit der Rohrzange wieder auf. Und natürlich schrie ich laut um Hilfe, bis die Stimme versagte. Ich war mir sicher, dass mein Vater nichts unversucht lassen würde, um uns zu finden. Und Tinos Mutter würde sich ihm bestimmt angeschlossen haben.

Natürlich war eine solche Suche in einer zerbombten und zerschossenen Stadt etwas ganz anderes als die zielgerichtete Verfolgung eines Ausreißers in ländlicher Umgebung. Diesen Bunker beachtete offenbar niemand, und es gab davon zwei in einer Entfernung von nur zweihundert Metern.

Ein korrektes Zeitgefühl hatte ich in diesem Lebensalter noch nicht entwickelt. Ich wusste nur, dass es draußen bereits dunkel war, als ich einen weiteren Versuch unternahm, durch Hämmern gegen die Stahltür und lautes Schreien auf uns aufmerksam zu machen. Und dann passierte etwas. Ich hörte eine Stimme – die Stimme eines Mannes.

»Wer ist da drin? Wer schreit da?«, fragte die Stimme.

»Wir sind zwei Jungs, sieben und acht Jahre alt«, rief ich zurück. »Mein Freund ist schwer verletzt. Der Fuß ist ab. Wir sind hier aus Versehen eingeschlossen worden.«

»Ich habe alles verstanden«, sagte der Mann.

Es war ein junger Mann, der, wie sich später herausstellte, mit seiner Freundin am Rande des Bürgerparks spazieren gegangen war und unmittelbar vor der Bunkertür mit ihr geknutscht hatte.

»Ich hole Hilfe«, sagte er. »Wir gehen zur nächsten Polizeiwache. Ihr müsst es aber sicher noch eine Zeitlang da drinnen aushalten.«

Dann hörte ich nichts mehr. Der Mann war hoffentlich zur Polizei gegangen. Ich rannte die Treppen hinauf zu Tino.

»Wir kommen hier raus, Tino!«, schrie ich. »Ein Mann war vor der Bunkertür. Er hat mich gehört und will die Polizei holen.«

Tino nickte matt. »Der Fuß ist kaputt«, stöhnte er. »Ich werde bestimmt nie wieder laufen können.«

»Quatsch«, sagte ich. »Ich hab dem Mann gesagt, dass du verletzt bist. Du musst wohl in ein Krankenhaus, und da kriegen die das alles wieder hin.«

»Ich will in kein Krankenhaus«, sagte Tino, »ich will nach Hause.«

Die Minuten verrannen und sie kamen mir vor wie eine Ewigkeit. Draußen regte sich nichts. Ich begann bereits wieder, mit der Rohrzange gegen die Tür zu schlagen. Vielleicht hatte dieser Mann ja gar kein Interesse daran, jetzt um die späte Stunde die Polizei zu holen und hier den Retter in der Not zu geben. Vielleicht hielt er das Ganze für einen dummen Jungenstreich und war nicht bereit, seine Zeit für ein paar kleine Wichtigtuer zu opfern, die ihn hinterher mit Hohngelächter bedenken würden.

Nach schier endlosem Warten hörte ich in der Ferne ein feuerwehrähnliches Signalgeräusch, welches rasch näher kam und erst vor dem Bunker verebbte. Sie waren da. Sie führten einen Lautsprecher mit sich. Ich klopfte wie wild gegen die Tür und schrie.

»Holt uns hier raus!«

»Wer seid ihr?«, dröhnte es aus dem Megafon.

»Ich bin Peter Keller, und mein Freund Tino ist vom Schrank gestürzt. Sein Fuß sieht aus wie ab. Er liegt oben in der zweiten Etage.«

»Verstanden. Wir holen euch jetzt raus. Eure Eltern haben euch schon vermisst, sie sind auch hier. Geh jetzt bitte weg von der Tür. Wir haben keinen Schlüssel und müssen sie mit Gewalt aufbrechen.«

Ich verzog mich in den hinteren Teil des Erdgeschosses. Dann rammten sie die Tür auf. Ein grelles Taschenlampenlicht leuchtete direkt in mein Gesicht.

»Ist er das?«, fragte einer der Polizisten.

Ein Mann rannte auf mich zu. Mein Vater. Ich duckte mich zu Boden, denn ich erahnte eine fürchterliche Tracht Prügel. Doch er zog mich nur ganz eng an sich.

Im Gefolge des Polizeiwagens befand sich auch ein

Krankenwagen. Ein Mann im weißen Kittel, offensichtlich ein Arzt, kam auf mich zu und fragte nach Tino.

»Er liegt oben. In dem Zimmer mit den Bücherregalen.«

Der Arzt und zwei weitere Männer, wahrscheinlich Sanitäter, stiegen die Treppen hinauf. Wenig später kamen sie mit Tino, den sie auf eine Bahre gelegt hatten, wieder herunter.

»Wir bringen den verletzten Jungen zum Joseph-Stift«, sagte der Arzt. »Der Fuß sieht wirklich nicht gut aus.«

Tinos Mutter stieg mit in den Krankenwagen. Mein Vater und ich wurden von der Polizei in unser Hotel zurückgebracht. Und dort reagierte mein Vater. Ich erhielt eine gewaltige Maulschelle und taumelte quer durch den Wohnraum.

»Was hattest du in dem Bunker verloren?«, schrie mein Vater außer sich.

»Wir wollten die Flak- und die Abschussringe sehen«, antwortete ich wahrheitsgemäß.

Der Zorn meines Vaters verrauchte. Er schaute zu meiner Mutter hinüber.

»Es sind spielende Kinder, die solche Gefahren noch nicht übersehen können. Ich denke, wir müssen das alles hier ganz schnell vergessen.«

Und dann wandte er sich mir zu. »Du weißt, das hätte auch tödlich ausgehen können für deinen Freund Tino. Ihr hattet einfach nur Glück. Ihr dürft niemals ohne Führung in einen Bunker oder eine ehemalige Gefechtsstellung gehen, um dort Räuber und Gendarm zu spielen. Auch wenn ihr noch so neugierig seid. Niemals – ist das klar?«

Ich nickte. Mein Vater zeigte ein Gesicht wie eine Sonnenfinsternis.

»Ich sage das jetzt zum letzten Mal. Du hast deine

Mutter und mich in kürzester Zeit zweimal in Panik und Schrecken versetzt. Das reicht uns. Der Krieg war schon schlimm genug. Zwei Wochen Stubenarrest – mit Ausnahme der Krankenhausbesuche für deinen Freund Tino. Ich hoffe, wir haben uns verstanden.«

Zwei Wochen Stubenarrest in diesem Mäusehotel. Das war für einen Siebenjährigen ein hartes Stück Brot. Aber es sollte alles noch schlimmer kommen. Drei Tage später bekam ich die Krätze, und mein Vater, der es bis dato nicht gewagt hatte, das Thema zur Sprache zu bringen, konnte meiner Mutter nicht länger den grausamen Tod ihrer besten Freundin und der vier Kinder verschweigen. Meine Mutter verfiel in tiefe Depression.

Neue Mitbewohner
im alten Haus

Die Krätze kam als stark juckende Hautreaktion daher. Der Juckreiz machte sich besonders in den Fingerzwischenräumen, am Ellenbogen, unter den Achseln und hinter den Ohren bemerkbar. Auffällig war das Auftreten von Pusteln, Blasen und Quaddeln, die ich unwillkürlich aufkratzte und dabei auch Hautläsionen auslöste.

Ich wurde in der Kinderklinik untersucht, wo man eine parasitäre Hautkrankheit diagnostizierte, die durch Krätzmilben verursacht wurde. Nach einer Inkubationszeit von etwa sechs Wochen ergab sich für mich auch die unangenehme Folge, dass ich nicht wie vorgesehen in die Schule gehen konnte, da bei Verdacht auf Krätze ein Verbot des Aufenthaltes in Gemeinschaftseinrichtungen bestand.

Die Herkunft des Krätzebefalls hatte sowohl mit unhygienischen Verhältnissen als auch mit der Ansammlung vieler Menschen zum Beispiel in den Bunkern zu tun. Befallen davon waren aber auch Krankenhäuser, Kindergärten, Schulen und Altenheime.

Mein Stubenarrest in der kleinen Hotelpension erwies sich in diesem Fall als denkbar ungeeignete Maßnahme und wurde unverzüglich aufgehoben.

Tino konnte ich nur noch einmal besuchen, wobei ich erfuhr, dass das linke Sprunggelenk gebrochen war und auch die Bänder schwer in Mitleidenschaft gezogen waren. Als Aussätziger mit Krätze blieb mir ein weiterer Zutritt zum Krankenhaus verwehrt.

Zur Behandlung dieser Milbenerkrankung zapfte

mein Vater sein laboreigenes Chemikalienlager an. In Ermangelung einer Permethrin-Salbe betupfte er die befallenen Hautbereiche mit einer von ihm angemischten Silbernitratlösung (Höllenstein). Dies hatte zur Folge, dass sich neben einem höllischen Brennen bedingt durch den Ätzeffekt die Haut und sämtliche damit in Kontakt geratenen Textilien schwarz verfärbten. Eine Reaktion des Silbers mit den schwefelhaltigen Aminosäuren auf der Epidermis. Ich lief herum wie eine gefleckte Kuh und fühlte mich als Aussätziger gebrandmarkt.

Doch vielen anderen Kindern, Jugendlichen und auch Erwachsenen erging es in dieser Zeit nicht besser. Ich befand mich in einer Art Quarantäne, die ihre Ursache in der Tatsache hatte, dass es sich bei der Krätze um eine stark ansteckende Krankheit handelte. Aufgrund der Infektionsgefahr musste auch meine Familie in gleicher Weise behandelt werden, obwohl meine Eltern zum Zeitpunkt des Therapiebeginns keine Anzeichen für einen Krätzmilbenbefall erkennen ließen.

Die ganze Aktion fiel in die Zeit unserer Rückkehr in unser angestammtes Mietshaus, das inzwischen soweit repariert war, dass man es als bedingt bewohnbar bezeichnen konnte.

Die frühere Wohnsituation änderte sich aber sehr bald. In das Erdgeschoss, das bisher von dem Vermieter Wolter bewohnt worden war, der sich auf einen familieneigenen Landsitz zurückgezogen hatte, wurden jetzt neue Mieter einquartiert. Dabei handelte es sich um eine alleinstehende Dame mittleren Alters, Erna Howeg, eine Deutsch-Amerikanerin, die als Sekretärin für den amerikanischen Besatzungskommandanten in Bremen, Admiral Jeffs, arbeitete.

Dazu kam die Patchwork-Familie Kaufhold mit der achtzehnjährigen Tochter Julia und dem siebenjährigen Kurt. Beide Kinder stammten aus verschiedenen Beziehungen der umtriebigen Mutter Ruth, die sich als Bardame im Bremer Amüsiertempel »Astoria« ihre Meriten erwarb. Ihr neuer Lebenspartner, Oskar Kaufhold, war weder Vater des Jungen noch des Mädels. Er vertraute eines Tages meinem Vater an, dass er nicht mehr zeugungsfähig sei, da die Nazis ihm, wie er sagte, »ein großes Leid angetan« hätten (Zwangssterilisation zur Vermeidung der Weitergabe ungesunden Erbgutes).

Der siebenjährige Kurt avancierte in kürzester Zeit zu meinem besten Freund. Von Tino habe ich dagegen nie wieder etwas gehört.

Nachdem die Symptome der Krätzeerkrankung endgültig abgeklungen waren, wurde ich mit Kurt, der von allen nur Tommy gerufen wurde, gleichzeitig in die Grundschule in Horn eingeschult. Dort wurden wir Sitznachbarn in der Klasse 1b. Fortan gehörte die staatlich gewährte Schulspeisung – Erbsensuppe oder Kekssuppe – zu den kulinarischen Glanzlichtern des Tages.

Wir hatten einen gemeinsamen Schulweg, und das war gut, denn es hatte sich fast flächendeckend eine spezielle Straßenrivalität entwickelt, die dazu führte, dass Schüler aus der Straße X beim Passieren der Straße Y damit rechnen mussten, von anderen Jugendlichen verprügelt zu werden. Unter diesen Umständen mussten wir häufig genug über Schleichwege den Heimweg antreten, und es empfahl sich eindringlich, für den Verteidigungsfall eine Zwille und ein Arsenal an Kieselsteinen dabei zu haben. Diese anfängliche Straßenrivalität schlug dann glücklicherweise später in die Gründung von Straßen-Fußballmannschaften um und führte letztlich zum Ausspielen eines Straßen-Fußballmeisters.

Während Tommy und ich uns unserer unzerbrechlichen Freundschaft sicher waren, gestaltete sich das Zusammenleben der drei Mietparteien unter den Erwachsenen als keineswegs harmonisch. Zwischen den Parterrebewohnern Erna Hohweg und den Kaufholds, die sich Küche und Bad teilen mussten, herrschte zuweilen blanker Hass. Der Keller wurde dagegen von allen Mietern in Anspruch genommen, und da verlor mein Vater doch ein wenig die Contenance, als er Oskar K. auf der Kellertreppe mit einer Weinflasche aus seinem kleinen Bestand erwischte. Dabei wäre es fast zu einem Handgemenge gekommen, als mein Vater Oskar K. des Diebstahls bezichtigte. Dieser versuchte, sich damit herauszureden, dass die Weinflasche dort für jedermann zugänglich gestanden habe.

In der Folge verrammelte mein Vater unseren Kellerbereich mit einer verschließbaren Holzlattentür und drohte jeden Diebstahl zur Anzeige zu bringen. Oskar K. hatte damals schlechte Karten.

»Das ist ein Dieb. Ein Dreckskerl«, schimpfte mein Vater.

Tommy und ich nahmen es zur Kenntnis. Es tangierte uns überhaupt nicht. Mit dem Erwachsenen-Zoff wollten wir nichts zu tun haben.

»Tommy bleibt in jedem Falle mein Freund.« Darauf beharrte ich.

Mein Vater zeigte sich einsichtig. »Natürlich bleibt er dein Freund. Er kann nichts dafür. Dieser Mann ist ja auch gar nicht sein wirklicher Vater. Deshalb heißt Tommy mit Familiennamen ja auch nicht Kaufhold, sondern von Salzen.«

Damit war auch dieses Rätsel gelöst. Und ich sog Tommys Erklärung zu dem Vorfall förmlich in mich auf:

»Der Alte wollte eigentlich mich in den Weinkeller schicken. Das hatte ich aber abgelehnt.«

In dieser Zeit erfolgten die Entnazifizierungsverfahren, die die amerikanische Besatzung mit absoluter Stringenz durchführte. Somit musste sich auch mein Vater als Parteimitglied der NSDAP dieser Prozedur unterwerfen.

Seine zivilschutzrelevante Tätigkeit war von der Partei als kriegswichtig erachtet worden. Die NSDAP hatte ihn deshalb als unabkömmlich eingestuft. Die Partei war praktisch sein erster Arbeitgeber und sein Parteieintritt insofern zwingend gewesen. Mein Vater war damit aktiver Bestandteil der sogenannten Heimatfront geworden – im Gegensatz zur Kriegsfront. Heimatfront bedeutete die Einbeziehung der Zivilbevölkerung in den Krieg.

Fakt war, dass mein Vater in seiner Funktion keine Chance hatte, irgendetwas gegen das System zu unternehmen. Das wäre Selbstmord gewesen.

Auf Anordnung der amerikanischen Besatzungsbehörde wurden in Bremen nach Kriegsende wie in ganz Deutschland alle NS-Organisationen aufgelöst, die NS-Symbole aus der Öffentlichkeit entfernt und alle Personen aus der öffentlichen Verwaltung entlassen, die vor dem 1. Mai 1937 in die NSDAP eingetreten waren oder als begeisterte Anhänger galten. 1947 erschienen dann die Meldebögen zur Entnazifizierung, in denen mein Vater sich als Mitglied der NSDAP zu erkennen geben musste.

Mit dem »Gesetz zur Befreiung vom Nationalsozialismus und Militarismus« vom 9. Mai 1947 war auch in Bremen eine neue Rechtsgrundlage geschaffen worden, die auch den Einzelfall betrachtete und individuelle Sachlagen berücksichtigte. Mein Vater galt demnach als Mitläufer, bei dem das Verfahren eingestellt wurde. 1949 waren die Entnazifizierungsverfahren offiziell abgeschlossen.

Spielen
im Nachkriegsalltag

Auch nach dem Krieg gab es Kinder, die aus vermögenden Elternhäusern stammten. Familien, die nicht ihr ganzes Hab und Gut verloren hatten, die über unzerstörte Villen und Grundstücke verfügten. Denen es vergleichsweise deutlich besser ging als dem Rest der Bevölkerung. Tommy und ich gehörten sicher nicht dazu.

Die Mehrzahl unserer neuen Klassenkameraden wuchs ohne Vater auf. Unsere Klasse bestand ausschließlich aus Jungen.

In unserer direkten Nachbarschaft lebten zwei etwas ältere Jungen aus gehobenen Kreisen. Die Eltern ließen durch einen Tischler eine Baumhöhle in zwei Metern Stammeshöhe in einer Eiche im Garten herstellen. Die Baumhöhle war mit einer Tür verschließbar. Wir hatten also keinen Zugang. Eine Höhle für alle Geheimnisse, die man in sich bewahrte – das war für uns das Nonplusultra.

»Baut euch doch selbst eine Höhle«, höhnten die beiden »reichen« Jungen.

Wir hatten eine Idee. Nur gut einen Kilometer entfernt von unserem Wohnhaus gab es eine Parzellenkolonie. Viele der Häuschen waren von den Besitzern während des Krieges dazu benutzt worden, Möbel, Bilder, Spiegel und andere Einrichtungsgegenstände vor den Bombenangriffen in Sicherheit zu bringen. In vielen Fällen stellten sie praktisch ein Möbellager dar.

Den Tipp mit den Parzellen hatten wir von Uwe, einem Jungen aus dem Kreis der Fußballspieler, der folgerichtig als Dritter integriert wurde. Was wir da durchführten, war natürlich nicht legal. Irgendwie waren wir uns dessen auch bewusst und verpflichteten uns gegenseitig zur Verschwiegenheit.

Sehr bald schlichen wir uns auf das Parzellengelände und nahmen eine der Hütten in Augenschein. Selbst durch das trübe Fensterglas konnte man die Stühle, Tische, Teppiche und kleinen Schränke erkennen, mit denen die Hütte vollgestellt war. Die Tür aufzuhebeln, war keine besonders kniffflige Aufgabe.

Das Parzellenhäuschen erfüllte alle Voraussetzungen für eine zünftige Höhle. Man musste nur das sperrige und nicht benötigte Mobiliar hinausräumen, um dem geheimbündlerischen Trio einen angemessenen Versammlungsraum mit einem Sofa und drei Sesseln zu bieten. Die ausgelagerten Ausstattungsteile wurden notdürftig mit einer Plane abgedeckt.

Das ging mehrere Wochen gut. Vielleicht hatten die Parzellenbesitzer ja gar nicht überlebt oder waren weggezogen. Von Tag zu Tag fühlten wir uns sicherer in unserer Burg, die durch umstehende Bäume auch noch gut getarnt war. Den Snobs mit der Baumhöhle konnten wir es jetzt mal richtig zeigen.

»Friert euch doch auf eurem Baum den Arsch ab. Eure Bude taugt ja nicht mal zum Karnickelstall. Wir haben ein richtiges Haus für uns drei. Und da lassen wir sonst niemanden rein.«

Wir lehnten sogar Angebote zur Baumhöhlenmitbenutzung ab und weideten uns an ihren neiderfüllten Blicken.

Doch das dicke Ende kam bald. Der Parzellenbesitzer hatte wohl doch noch Interesse an den ausgelagerten Gegenständen gehabt und sich nichts ahnend zu seiner Parzelle begeben, wo er seinen Augen nicht traute.

Die Parzellentür war nur angelehnt und von innen drangen Stimmen und Gelächter an sein Ohr. Das war zu viel für den Mann. Er riss die Tür sperrangelweit auf und schrie:

»Ihr Dreckskerle! Was habt ihr hier zu suchen! Ich werde euch zeigen, was es heißt, meine Hütte aufzubrechen!«

Wir blieben stumm, und für Sekunden waren wir wie gelähmt vor Schreck. Dann erfasste uns fast gleichzeitig der Fluchtreflex. Während Tommy und Uwe versuchten, sich seitlich an dem wutentbrannten und vierschrötigen Mann vorbeizuschlängeln, gelang es mir, zwischen seine breitgestellten Beine zu kommen und zu entwischen. Für meine Freunde setzte es klatschende Ohrfeigen. Doch dann konnten sie sich um sich tretend und beißend losreißen. Der Mann blieb bei seiner Verfolgung mit der Hose an einem Zaun hängen und stürzte zu Boden.

Unser Traum von einer Höhle war dadurch geplatzt. Fragen zu unserem Versteck haben wir danach nicht mehr beantwortet oder so getan, als hätte sich unser Interesse auf ganz andere Bereiche verlagert.

Familiär galt es alsbald, einen neuen Tiefschlag wegzustecken. Mein Onkel Albert, der Bruder meiner Mutter, war aus britischer Kriegsgefangenschaft zurückgekehrt. Zum Entsetzen der Familie mit nur einem Bein. Zu jener Zeit ein weit verbreitetes Kriegsheimkehrer-Schicksal.

Er war zu diesem Zeitpunkt fünfunddreißig Jahre alt und hatte später das Glück, wieder in seinen erlernten Beruf als Lehrer zurückzukehren. Dabei war die Behinderung kein Ausgrenzungsfaktor.

Die ersten Wochen und Monate nach der Kapitulation waren davon geprägt, dass die Besatzungsmächte uns als Verlierer des Krieges behandelten. So wurde zum Beispiel ein Curfew verhängt, der das Ende der Ausgehzeit bedeutete, nach der man nicht mehr auf der Straße angetroffen werden durfte. Anfänglich war das Zeitfenster bis 20 Uhr begrenzt, später immerhin bis 22 Uhr.

Dagegen wurde das Fraternisierungsverbot schon nach kurzer Zeit von den US-Boys und den deutschen Mädchen nicht mehr ernst genommen. Dabei wurde auch der Curfew zusehends verwässert.

Sehr langsam normalisierten sich die Lebensumstände, die zunächst durch Trümmerräumarbeiten und erste Ansätze des Wiederaufbaus gekennzeichnet waren.

Das Hauptproblem für den größten Teil der Bevölkerung aber war der Hunger. Die über Lebensmittelkarten zugeteilten Lebensmittelrationen waren einfach nicht ausreichend.

In der zerstörten Stadt mussten wir eine neue Orientierung finden. Natürlich eigneten sich gerade die Ruinen vortrefflich zum Spielen. Und dann kristallisierte sich ein Wettbewerb heraus, den wir als »Balancieren« bezeichneten. Ziel der Übung war es, sich so lange und so weit wie möglich auf den jederzeit einsturzgefährdeten Ruinenmauern zu bewegen, also zu balancieren. Je höher die Mauer, desto höher auch der zu bewertende Schwierigkeitsgrad. Eine sogenannte »A-Klasse-Mauer« konnte durchaus drei Meter hoch und ein Absturz lebensgefährlich sein. Im Prinzip wurden hier die Voraussetzungen für spätere Berufe in der Show-Branche als Zirkusakrobat oder Hochseilartist geschaffen – vielleicht aber auch weniger spektakulär für Schornsteinfeger und Dachdecker. Kein Wunder, dass besorgte Eltern unser Treiben mit drakonischen Strafen zu unterbinden suchten. Ihre Sorge war nicht unbegründet. Es kam immer mal wieder vor, dass sich aus den Ruinenmauern ein Fragment löste und anschließend Teile der Wände auseinanderbrachen.

Meine Sache war das Balancieren nicht, zumal ich keineswegs schwindelfrei war. Aber Tommy kletterte wie eine Gämse über die aufragenden Mauersimse. Bei einer dieser Aktionen brach dann tatsächlich eine Wand kartenhausmäßig zusammen und begrub ihn unter sich. Doch er hatte großes Glück. Platzwunden und Abschürfungen – aber gebrochen war nichts. Als Augenzeuge dieses Absturzes war mein Bedarf an dieser Kultübung restlos gestorben.

Schule

Aufgrund der vielen zerstörten Schulgebäude waren die noch zur Verfügung stehenden Klassenzimmer vollgepfropft mit Schülern. Klassengrößen mit über 50 Schülern waren keine Seltenheit und führten fallweise zum Schichtunterricht. Doch wir kannten es nicht anders und empfanden dies als Normalität.

Generell herrschte anfänglich ein großer Lehrermangel, da viele Lehrer gefallen waren oder sich noch in Kriegsgefangenschaft befanden. Auf Anordnung der Alliierten waren etwa sechzig Prozent der Pädagogen wegen ihrer Mitgliedschaft in der NSDAP aus dem Schuldienst entlassen worden. Für eine demokratische Umerziehung – Reeducation – kamen sie nach Ansicht der Besatzungsmächte nicht in Betracht. Nachwuchs von den Universitäten konnte natürlich noch nicht zur Verfügung stehen.

So versuchte man, neben der Wiedereinstellung bereits pensionierter Lehrer auch durch Ausbildung von Schulhelfern das Problem zu lösen. Das Pikante daran war, dass sich die Schulhelfer nicht so genau hinsichtlich ihrer Vergangenheit überprüfen ließen. Gelegentlich konnte nicht verborgen bleiben, dass das Lehrerpersonal mit der persönlichen Aufarbeitung seiner braunen Vergangenheit überfordert war.

Das Berufsverbot betraf zum Beispiel den Direktor meiner Grundschule, der wegen seiner Vergangenheit als Ortsgruppenleiter vom Dienst suspendiert wurde. Auch einer meiner Rechenlehrer galt als unbelehrbar. Er hatte als Stabsoffizier beim deutschen Jagdgeschwader gedient und sich nach einem Fallschirmabsprung einen Klumpfuß eingehandelt. Ungeniert schwärmte er vor der Klasse:

»Das waren noch Zeiten, als wir unsere Eier über Frankreich abgeworfen haben.«

Seit der Nazizeit galt linkshändiges Schreiben als eine Eigenschaft »rassistisch minderwertiger Elemente« und musste gewaltsam ausgetrieben werden. Schläge mit dem Lineal gehörten zur Tagesordnung. Und um dem Ganzen die Krone aufzusetzen, betätigte sich eines Tages unser Erd- und Heimatkundelehrer, dem auch eine braune Vergangenheit nachgesagt wurde, als Speerwerfer mit dem Zeigestock, um bei einem Mitschüler mehr Aufmerksamkeit einzufordern. Er traf diesen dabei direkt neben dem Auge an der Schläfe und wurde vom Schuldirektor noch in der nächsten Stunde vom Dienst suspendiert. Der Schüler hatte Glück, dass das Auge nicht direkt getroffen wurde, und kam mit einer Beule und einem Bluterguss davon.

Aber es gab auch Schüler mit auffälligen Verhaltensstörungen. Ein Junge aus unserer Klasse klaute wie eine Elster. Roland Schulz stammte aus einigermaßen bürgerlichen Verhältnissen. Seine Beziehung zum Thema Eigentum konnte man als nachhaltig gestört betrachten. Einmal pro Woche wurde Geld von der Klassenlehrerin für die Schulspeisung kassiert. Dafür stand auf dem Lehrerpult eine Dose bereit, in die die Schüler während der Unterrichtspause ihren Obolus entrichteten. Eines Tages war die Dose verschwunden. Verdächtig war zunächst jeder. Alle Schultaschen wurden kontrolliert – aber nichts gefunden. Einige Wochen später wiederholte sich der Vorfall. Der Verdacht fiel auf Roland Schulz, der bei der Kontrolle keine Schultasche vorweisen konnte, da er sie an diesem Tag angeblich zu Hause vergessen hatte. Am Ende des Unterrichtstages wurde er von einigen Mitschülern auf dem Nachhauseweg per Fahrrad mit seiner Schultasche gesichtet. Nach einer wilden Verfolgungsfahrt wurde er vom Rad gerissen und die Gelddose in seiner Tasche entdeckt. Damit war er in der Klasse gebrandmarkt.

Schließlich ertappte ich ihn persönlich dabei, als er sich in einer Pause an einigen der aufgehängten Jacken, darunter auch an meiner Regenjacke, zu schaffen machte. Ich stellte ihn zur Rede, aber er stritt alles ab. Der Griff in die Jackentasche sei nur ein Versehen gewesen. Das war mir zu viel. Ich beschimpfte ihn als »Drecksdieb«, und im Gegenzug schlug er mir die Faust ins Gesicht. Daraufhin schleifte ich ihn durch Festkrallen an seinem Hemdkragen aus der Schule auf den Schulhof, wo wir uns minutenlang in einem Beet mit hochgewachsenen Brennnesseln prügelten. Zum Schluss hatte ich ihn am Boden auf die Schultern gedreht und saß auf seiner Brust. Er gab auf.

Wir bluteten beide aus Mund und Nase, und die Haut brannte wie Feuer aufgrund des Wälzens in den Brennnesseln. Dennoch fühlte ich mich gut. Ich hatte zum ersten Mal eine Prügelei gewonnen und die Sympathie meiner Mitschüler gleich mit dazu.

Der Werwolf in der Schule

In der unmittelbaren Nachkriegszeit waren die Bedingungen für den Schulunterricht noch sehr kompliziert gewesen. Erst ab 1946 fand wieder ein flächendeckender Unterricht statt. Viele Schulgebäude waren zerstört oder mussten vorläufig als Flüchtlingsunterkünfte genutzt werden.

Es fehlte an Heften, Papier, Kreide und Schulbüchern. Schulmobiliar, Tische und Stühle waren keineswegs im benötigten Umfang vorhanden. Um am allerschlimmsten war der bereits erwähnte Lehrermangel.

In unserer Klasse war ein Schulhelfer tätig, der meinem Mitschüler Klaus Engel im Anschluss an eine Sportunterrichtsstunde unter Berufung auf dessen Verschwiegenheit anvertraut hatte, dass er gegen Kriegsende beim »Werwolf« gewesen sei. Vielleicht war es nur Angeberei, um sich wichtig zu machen – aber schlagartig gelangte er für uns Kinder in den Status eines Volkshelden.

»Erzähl uns davon«, drängelten wir. »Wir haben noch niemanden kennen gelernt, der dabei war.«

»Werwolf hört sich verdammt spannend an«, ergänzte Klaus Engel.

Der Schulhelfer legte seinen rechten Zeigefinger über die Lippen. »Wir sind hier eine verschworene Gemeinschaft, oder?«

Wir nickten.

»Also, kein Wort zu irgendjemand anderem. Das heißt Eltern, Schüler aus fremden Klassen und Lehrer. Ist das klar? Hab ich euer Ehrenwort?«

»Ganz großes Ehrenwort«, beteuerten wir.

»Also gut. Hört genau zu. Ihr wisst wahrscheinlich

nicht, um was es sich bei dem Werwolf überhaupt handelt. Werwolf, das war eine von diesem Nazi-Oberbonzen Himmler seit Mitte 1944 aufgebaute Widerstandsbewegung gegen den Vormarsch der feindlichen Truppen. Wir sollten einen Untergrundkampf auf deutschem Boden und Sabotageakte in den rückwärtigen Aufmarschgebieten der Alliierten durchführen. Dadurch sollten die Wehrmachtsverbände an der Front entlastet und auch eine Zusammenarbeit von Deutschen mit dem Feind durch Anschläge verhindert werden.

Reichspropaganda-Minister Goebbels forderte von den Werwölfen einen rücksichtslosen Kampf bis zur Selbstvernichtung. Im Rundfunk hat er wie ein Wahnsinniger gebrüllt: ›Für unsere Werwölfe sind jeder Bolschewist, jeder Brite und jeder Amerikaner auf deutschem Boden Freiwild. Wo immer wir eine Gelegenheit haben, ihr Leben auszulöschen, werden wir das mit Vergnügen und ohne Rücksicht auf unser eigenes Leben tun. Hass ist unser Gebet und Rache unser Feldgeschrei.‹ Ja, so hat er es tatsächlich gesagt.«

»Und habt ihr das genauso erlebt?«, fragte ich.

Der Schulhelfer zuckte mit den Achseln. »Einige vielleicht. Mir ging es nicht so. Ich fand es besonders schlimm, dass sich der Kampf auch gegen sogenannte wehrunwillige eigene deutsche Soldaten richtete und dass noch in den letzten Kriegstagen, als bereits alles verloren war, deutsche Zivilisten von Exekutionskommandos hingerichtet wurden. Da wäre ich am liebsten abgehauen. Aber das war viel zu gefährlich.«

»Was für Leute waren denn überhaupt Mitglieder beim Werwolf?«, bohrten wir weiter.

»Der Werwolf war eine nationalsozialistische Partisanenbewegung, die ihre Leute aus abgestellten SS-Männern, SA-Leuten, Hitlerjungen wie mir, BDM-Mädchen und jungen Volkssturmleuten rekrutierte. Unsere Aufgabe war klar: Wir sollten Attentate und terroristische Anschläge gegen die Besatzungsmächte und deutsche Kollaborateure durchführen. Ich gehörte dabei selbst zu einer sogenannten Jagdgruppe, bestehend aus vier Mann und einem Gruppenführer. Einmal haben wir einen Eisenbahnzug mit amerikanischem Nachschubmaterial unter Feuer genommen. Später hat unser Gruppenführer sogar einen deutschen Deserteur erschossen. Das war entsetzlich. Aber das erledigten die SS-Leute, und wir Jungen wurden dabei herausgehalten. Ich habe später gehört, dass die Amis vor dem Werwolf die Hosen voll hatten.«

»Hast du denn auch an irgendwelchen Terroraktionen teilgenommen?«, wollten wir wissen.

»Einige gab es. Aber das waren eher Militäraktionen. Ich erinnere mich an einen Einsatz in der Nähe von Nienburg. Die Stadt hatte bereits vor den Engländern kapituliert. Eine Panzerkolonne war nach Einbruch der Dunkelheit einige Kilometer vor Nienburg in Warteposition gegangen. Das Gelände war weiträumig von Wachen umstellt. Der Führer unserer Gruppe hatte den Plan, die Aufmerksamkeit der Wachmannschaft durch gezielte Detonationen von zwei Handgranaten in eine bestimmte Richtung zu lenken. Der Plan gelang allerdings nur teilweise. Die Wachposten verließen zwar unmittelbar nach der Explosion kurzzeitig ihre Positionen. Auf dem Rückzug wurde dann allerdings unser Gruppenführer entdeckt und von einem Scharfschützen erschossen. Sein Pech war unser Glück. In dem einsetzenden Tohuwabohu konnten wir uns an die Panzer heranschleichen und Haftminen an den Ketten befestigen. Als die Posten zurückkamen, hatten wir uns bereits in Sicherheit gebracht.«

»Und, sind die Panzer in die Luft geflogen?«, fragten wir atemlos.

»Vielleicht nicht in die Luft – aber auf jeden Fall waren sie schrottreif. Die Briten haben sie dort zurückgelassen. Ob dabei Soldaten zu Schaden gekommen sind, weiß ich bis heute nicht. Ist vielleicht auch besser so. Im Grunde genommen hat unsere Werwolf-Gruppe nicht so viel ausrichten können. Es war ja auch verdammt schwierig, Leute für solche Himmelfahrtskommandos zu bekommen. Nach Hitlers Tod war damit sowieso Schluss, da Dönitz am 5. Mai 1945 die gesamten Werwolf-Aktionen als illegal erklärt hatte.«

»Erzähl noch mehr«, bettelten wir unseren Junglehrer-Helden an.

»Da gab es auch noch feindliche Armeefahrzeuge, LKWs für Material- und Truppentransporte. Unsere Aktionen liefen immer nach dem gleichen Strickmuster ab: Nachts, wenn die Briten oder Amerikaner mit den Fahrzeugen in Parkposition gegangen waren, haben wir ihnen Sand in die Benzintanks geschüttet. Am nächsten Morgen haben die ihre Kisten nicht mehr in Gang gekriegt. Sie hatten, wie man so schön sagt, Sand im Getriebe.«

Wir lachten begeistert.

»Aber eigentlich waren das alles nur Nadelstiche, die militärisch nicht viel bewirken konnten. Die Überlegenheit der alliierten Truppenverbände an Waffen und Soldaten war zu diesem Zeitpunkt bereits zu groß. Außerdem darf man nicht vergessen, dass das, was wir da anstellten, für jeden von uns saugefährlich war. Wenn die Alliierten einen von uns bei dieser Form von Partisanen-Tätigkeit erwischten, wurde man sofort erschossen.

Als wir damals die Nachricht von Hitlers Tod erhielten – keiner von uns wusste, dass es Selbstmord war –, haben einige von uns geheult. Wir haben uns aber nur als eine Art von Ersatzarmee gefühlt. Der verbrecherische politische Hintergrund der Nazipolitik war für uns noch gar nicht fassbar. Auf jeden Fall war der Krieg damit für uns vorbei. Wir haben unsere Werwolf-Klamotten mit dem Wolfsangel-Logo sofort verbrannt.«

Dann schaute er uns noch einmal fest in die Augen und sagte: »Jetzt habt ihr genug erfahren über diesen Scheißkrieg. Vergesst alles, was ich euch erzählt habe und lasst uns mit Kopfrechnen weitermachen.«

Straßenfußball

Die einzige sportliche Herausforderung zu dieser Zeit war der Straßenfußball. Und das hatte nichts mit Hitlers Losung »Meine Jugend ist hart wie Kruppstahl, zäh wie Leder und schnell wie Windhunde« zu tun. Spielflächen, die beileibe keine Rasenflächen sein mussten, gab es verstreut in den Trümmerlandschaften.

Aufgrund der alliierten Beschlüsse, außer der NS-DAP auch den nationalsozialistischen Reichsbund für Leibesübungen aufzulösen, wurden 1945 zunächst alle bremischen Sportvereine verboten. Ihre Wiederzulassung wurde davon abhängig gemacht, dass das Führungspersonal politisch unbelastet war. So wurden bis Ende 1945 in Bremen nur in einigen Stadtteilen vereinzelte Sportgemeinschaften gegründet, wie zum Beispiel die SGO (Sportgemeinschaft Oslebshausen). Im Verlauf des Jahres 1946 wurden dann nach und nach bremische Traditionsvereine unter ihrem alten Namen wieder zugelassen.

Der Eintritt in diese Vereine kam für uns als Straßenkicker sowohl aus Gründen der gesuchten Nähe zum eigenen Wohnbereich als auch aus finanziellen Gründen nicht in Betracht. Dementsprechend hielt sich die Qualität der Fußballausstattung in überschaubaren Grenzen. Eine Unterstützung erfuhren wir nicht. Wir mussten uns mit Gummi- und Tennisbällen sowie Stock- oder Backsteinmarkierungen der Tore und des Spielfeldes begnügen. Das war alles. Es gab keine Fußballschuhe und schon gar nicht so etwas wie Trikots.

Fußball konnte je nach Anzahl der Mitspieler und Art der Sportfläche in mehreren Variationen gespielt werden. Neben der klassischen »Elf gegen Elf«-Formation gab es auch das »Außenspiel«, bei dem nur ein neutraler Torwart vorhanden war, während eine Partei verteidigte und die andere stürmte. Nach jeweils fünfzehn Minuten wurde gewechselt, und nach einer Stunde stand der Sieger fest oder musste im Elfmeterschießen ermittelt werden.

Eine andere Spielform stellte das sogenannte »Köppen« dar, das in der Regel direkt auf dem Straßenasphalt mithilfe einer mit Kreide gezeichneten Mittellinie ausgetragen wurde. Das Match konnte als Einzelduell oder als Doppel ausgetragen werden. Ziel war es, den selbst hochgeworfenen Ball über die gegnerische Torlinie zu köpfen. Gelang es dabei einer Partei, den Ball mit dem Kopf abzuwehren, gab es als Bonus eine Mitte. Das hieß, der Ball konnte jetzt von der Mittellinie des Spielfeldes geköpft werden, was die Erfolgsaussichten natürlich erheblich verbesserte.

Köppen auf dem Straßenasphalt war etwas für harte Jungs. Aufgeschlagene Knie und blutige Ellenbogen waren der Preis des Erfolges.

Mein Vater, der uns gelegentlich bei unseren Spielen beobachtete, wusste sogar von einem sogenannten »Todesspiel« zu berichten, bei dem 1942 – also mitten im Zweiten Weltkrieg – zweimal eine ukrainische Mannschaft, bestückt mit Spielern der Vereine Dynamo und Lokomotive Kiew, die Mannschaft des FK Start, einer deutschen Flak-Elf, besiegte. Nach sowjetischer Legende wurden sie dafür ermordet, was aber keineswegs stimmte und sich für meinen Vater auch nur als Hasstirade darstellte. Der Mythos dieses Todesspiels hatte Tommy und mich damals stark beeindruckt.

Die verschiedenen Varianten des Fußballspiels waren damals die wenigen Möglichkeiten der Freizeitgestaltung. Auch wenn es an allem mangelte, wir übten dieses sportliche Vergnügen mit totaler Hingabe aus. Zerrissene Straßenschuhe oder Kleidung waren für uns, im Gegensatz zu unseren Eltern, kein Problem.

Für die Zugehörigkeit zu einer Straßenfußball- mannschaft gab es keine Altersbegrenzung unter den Jugendlichen. Der Auswahlmodus für die jeweilige Mannschaft stellte aber schon ein gewisses Statussym- bol dar. Ein guter Spieler wurde von den Mannschafts- führern sehr schnell in das Team berufen, während die kleineren und unfertigen nur letzte Wahl waren.

Eines Tages meldete sich ein etwas größerer Junge von etwa zwölf Jahren, ein Neuankömmling, als Mitspieler bei der Mannschaftswahl an. Er hieß Ernst Grote und wurde schon wegen seiner Körpergröße als einer der Ersten in eine der Mannschaften gewählt.

»Kannst du überhaupt Fußball spielen?«, wurde er gefragt.

Er nickte. »Ich glaube schon«, sagte er. »Obwohl ich vor einiger Zeit ganz andere Geländespiele mitgemacht habe. Da trat eine Gruppe mit roten Armbändern ge- gen eine andere mit blauen Armbändern an. Sieger war jeweils die Gruppe mit den meisten vom ›Feind‹ eroberten Armbändern. Das war bei den Pimpfen im DJ [Deutsches Jungvolk].«

Mit diesem Hinweis hatte Ernst Grote in unserer Fußballgruppe, die überwiegend aus jüngeren Spie- lern bestand, schlagartig alles im Griff. Immer wieder drängten wir ihn, über seine Erlebnisse aus der Ju- gendnaziphase, der wir gerade noch entgangen waren, zu erzählen. An Ernst Grote kam keiner von uns mehr vorbei. Übrigens auch nicht mit dem Fußball.

Wenn er berichtete, wie die Pimpfe unter Führung eines »Fähnleinführers« singend marschierten, exerzierten und mit dem Luftgewehr schießen lernten, gab es trotz des verlorenen Krieges kaum einen unter uns, der nicht auch gern in solch einer Jugendgruppe gewesen wäre. Das politische Kalkül, das dahinterstand, begriffen wir auch jetzt genauso wenig wie die Jungen, die damals als Pimpfe mit zehn bis vierzehn Jahren bei der Hitlerei mitgemacht hatten.

Ernst Grote erzählte auch, wie stolz es ihn gemacht hatte, als er die Pimpfenprüfung des Jungvolkes bestanden hatte und als Belohnung das sogenannte »Kleid des Führers« – eine Uniform aus schwarzer Hose und braunem Hemd, geflochtenem Schlipsknoten und schwarzem Ledergürtel mit Wehrmachts-Koppelschloss – tragen durfte. Darüber hinaus durften die Pimpfe auch noch ein Fahrtenmesser bei sich führen.

Zu einem unserer Fußballtreffen brachte er eine Zeitung mit, die sich »DIE DEUTSCHE JUGENDBURG« nannte. Es war eine Bilderzeitschrift für zehnjährige Pimpfe, die 1943 eingestellt wurde und zum aktuellen Zeitpunkt natürlich verboten war. Die Bilder der heldenhaften Soldaten an der Flak und im Schützengraben hinterließen auch jetzt noch, nach dem Krieg, bei uns Jungen einen starken Eindruck. Trotz aller aufklärerischen Mahnungen aus dem Elternhaus hinsichtlich der Struktur dieser Jugendorganisationen – die »Kleider des Führers« hätten wir alle gern angezogen.

»Die Pimpfe könnten sie ruhig wieder einführen«, meinte Tommy. »Die braunen Nazihemden kann man ja durch blaue ersetzen.« Mit diesem Vorschlag erntete er breite Zustimmung.

Ein Problem der mit allen verfügbaren Provisorien ausgetragenen Fußballspiele war die hohe Ballverlustquote. Entweder wurden die Bälle von Autos plattgefahren, oder es gab einen Ballkiller wie in unserem Falle.

Die Rede ist von einem Mann, der in der Nähe unseres Bolzplatzes in einem kleinen windschiefen Haus irgendeiner unerfindlichen Tätigkeit nachging. Da er gelegentlich für einige Nachbarn Bekleidungsreparaturen vorgenommen hatte, wurde er nur der »Schneider« genannt. Für die ganze Gegend war der Schneider ein Kommunist. Irgendjemand hatte ihn einst als Kommunisten denunziert.

Auf seinem Grundstück, das an unseren Bolzplatz angrenzte, hatte er Gemüsebeete angelegt. Es war unvermeidlich, dass zuweilen ein Gummiball versehentlich in seinen Garten geschossen wurde und wir gezwungen waren, über seinen Zaun zu klettern, um das Spielgerät zurückzubekommen. Dabei ließ es sich nicht vermeiden, den Ball auch in seinen Gemüsebeeten zu suchen. Dies erboste den Schneider dermaßen, dass er mit einem Küchenmesser erschien und dieses gnadenlos in unseren Ball rammte. Damit hatte er den unbändigen Hass aller Fußballer auf sich gezogen.

»Schneider, du Arschloch – Schneider, du rote Sau«, wurde ihm bei jeder Gelegenheit entgegengeschleudert. Der Hass übertrug sich auch auf die Erwachsenen, die dem Schneider fortan keine Aufträge mehr gaben. Während unserer Fußballaktivitäten lauerte der Schneider meistens hinter seinem Fenster, um beim ersten Fehlschuss messerbewehrt in seinen Garten zu stürzen.

Zwangsläufig musste die Situation eskalieren. Als die Kinder und Jugendlichen sich eines Nachmittags nach einer Ballvernichtung vor seinem Grundstück versammelten und ihn mit »Schneider, du Bolschewistenschwein« beschimpften, kam er wie eine Furie aus seinem Haus gerannt. Schreiend ergriffen wir die Flucht.

Der Schneider war zwar ein eher kleinwüchsiger Mensch, aber ein durch und durch energiegeladener Läufer. Bedauerlicherweise hatte er sich ausgerechnet meine Fluchtgruppe als Ziel seiner Rache ausgesucht, und mit Entsetzen mussten wir feststellen, dass er den Abstand zu uns permanent verkürzte. Wir teilten uns daher nochmals auf, kletterten über Zäune und versuchten, uns in angrenzenden Gärten zu verstecken. Doch der Schneider war nicht abzuschütteln. Getrieben von heiligem Zorn schwang er sich über alle Hindernisse.

Ich hatte mich schließlich vollkommen erschöpft in einen Kellereingang abgeduckt und wurde zum Glück übersehen. Dafür konnte der Schneider dann einen Mitspieler ergreifen, der auf der Flucht mit dem Knie gegen eine Mauer gestoßen war und nicht mehr weiterlaufen konnte.

Er schnappte sich den Jungen, ohne auf ihn einzuprügeln, und schleifte ihn bis zu dessen Elternhaus. Dort verlangte er den Vater des Jungen, einen Zahnarzt, zu sprechen.

»Ihr Sohn und seine Jugendbande haben eine Diffamierungskampagne gegen mich angezettelt. Sie beleidigen mich lauthals als Bolschewisten und versuchen, mich bei meiner Kundschaft in Verruf zu bringen. Das ist Rufmord!«, schrie der Schneider außer sich. »Ich verlange, dass das sofort aufhört. Sonst muss ich mich polizeilich zur Wehr setzen.«

»Sind Sie denn Kommunist?«, fragte der Zahnarzt maliziös.

»Nein. Das ist nur eine Unterstellung dieses Luxemburgers, der am Ende der Straße wohnt. Das ist ein widerlicher Denunziant. Ich bin nur ein kleiner Handwerker, der aufgrund solcher Verleumdungen kurz vor der Geschäftsaufgabe steht.«

Der Zahnarzt Dr. Behrens nickte, griff in seine Hosentasche und überreichte dem atemlosen Schneider einen größeren Geldschein.

»Nehmen Sie das als vorläufigen Schadensersatz und Schmerzensgeld«, sagte er. »Ich werde mich um die Sache kümmern und mir erst einmal meinen Sohn vorknöpfen.«

Der Schneider nahm das Geld und nickte. »Dann haben wir uns verstanden. Ich danke Ihnen.«

Als am nächsten Tag Jürgen, der Sohn des Zahnarztes, wieder am Bolzplatz aufkreuzte, musste er nichts erklären. Sein Vater hatte ihn grün und blau geprügelt.

Wir nahmen das zum Anlass, unsere Aktivitäten nicht mehr in der Nähe des Schneidergrundstücks auszuüben, und verlegten die Bolzfläche auf einen Grünstreifen am Rande einer stark befahrenen Verkehrsstraße.

Gewonnen war damit nichts. Das Verlustrisiko des sogenannten Balles war noch höher, wenn dieser auf die Straße rollte. Nur in seltenen Fällen stoppte ein Auto.

Die Unzulänglichkeit, mit der wir unseren Sport ausüben mussten, war auch Frau Hohweg – unserer Mitbewohnerin – nicht verborgen geblieben. Eines Tages sprach sie ihren Chef, den Admiral Jeffs, an und berichtete ihm, dass die Kinder aus ihrer Wohnstraße nicht einmal einen ordentlichen Ball besäßen. Der Admiral hatte ein Herz für Kinder und schlug einen Deal vor. Das Gelände vor seinem Amtssitz an der Kurfürstenallee war dicht bestanden mit mächtigen alten Kastanienbäumen. Im Herbst entpuppten sich die Unmengen von heruntergefallenen Kastanien als Ärgernis für seinen Fuhrpark. Er versprach – so die Zusicherung von Frau Hohweg –, uns einen echten Lederfußball zu schenken, wenn wir im Gegenzug das Grundstück von den Kastanien befreien würden.

An zwei Wochenendtagen rückte die gesamte Fuß-balltruppe mit großen Säcken an und machte sich über die Kastanien her. Es kamen mehr als zwanzig Säcke zusammen, die wir neben einem Kellereingang deponierten. Das Grundstück war absolut »clean«. No chestnuts any more. Admiral Jeffs war begeistert, und er hielt sein Versprechen. Vom Balkon des Amtssitzes kickte er einen brandneuen gelben Lederfußball zu uns herunter.

»Well done, boys. Good luck with your soccer game.«

Was für ein euphorischer Augenblick. Wir hielten zum ersten Mal einen echten Fußball in den Händen. Und wir jubelten ihm zu, diesem Amerikaner, der übrigens bis zu seinem Lebensende (1959) in Bremen blieb und der uns Jungen, gemessen an unseren Verhältnissen, reich beschenkt hatte.

Nur wenige Tage nach der Ballübergabe kam es zum großen Showdown am Rande der Kurfürstenallee. Ein harter Schuss. Der Torwart konnte den Ball nicht halten und boxte ihn zur Seite. Langsam rollte er auf die Fahrbahn in die Fahrspur eines LKW. Das vordere Räderpaar umtänzelte er noch galant. Doch bei den hinteren Reifen gab es kein Entrinnen mehr. Ein lauter, herzloser Knall. Aus und vorbei.

Wie gelähmt verfolgten wir die Via Dolorosa unseres geliebten Balles, und dann überkam uns das heulende Elend.

Aus purem Mitleid veranstalteten einige Eltern eine Sammlung, und einige Tage später waren wir mit einem neuen Lederball ausstaffiert. Der Frau Hohweg haben wir den Zwischenfall nicht berichtet. Schließlich wollten wir »unserem Admiral« nicht auch noch den Tag versauen.

Julia und die Fraternisierung

Die amerikanischen GIs hielten sich nicht lange an die »No Fraternization«-Anordnung, sondern verteilten bei vielen Gelegenheiten Süßigkeiten an die Kinder. Über die Kinder ergaben sich dann auch Kontakte zu den Eltern und den Familien, wobei sich häufig fast freundschaftliche Beziehungen entwickelten. Der überwiegende Teil der Amerikaner handelte nach dem Fairness-Prinzip: Gib einem Mann keinen Stoß, wenn er am Boden liegt, sondern hebe ihn wieder auf.

Die Verbrüderung der amerikanischen Besatzungssoldaten mit den »Töchtern« des Landes begann schon am Tage des Einmarsches. Die hierzu bereiten Frauen riskierten allerdings, von der eigenen Bevölkerung als »Ami-Schickse« oder »Dollar-Flittchen« diskriminiert zu werden.

Denen gegenüber standen die Trümmerfrauen, die sich selbstlos an die Aufräumarbeiten machten und auch noch auf nicht heimgekehrte männliche Angehörige aus der Gefangenschaft warteten.

Ein Heiratsverbot für Soldaten der US-Armee in Deutschland wurde offiziell zwar erst Mitte Dezember 1948 aufgehoben, aber zuvor bereits vielfach umgangen. Nicht zuletzt auch deshalb, weil es eine ständig wachsende Zahl von Besatzungskindern jeglicher Hautfarbe gab.

So lange warten wollte allerdings Julia, die 18-jährige Halbschwester von Tommy, offensichtlich nicht. Auf Tommy, ihren Stiefbruder, oder mich als noch gänzlich Unreifen konnte sie dabei bezüglich der

Bedienung erotischer Anwallungen nicht setzen, obwohl wir einmal von Vater Oskar bei einem »Doktorspiel« mit einem siebenjährigen Nachbarsmädchen erwischt worden waren. Ein paar deftige Ohrfeigen für Tommy und mich waren die Quittung.

Doch unser schmaler hedonistischer Erkenntnisweg sollte alsbald verbreitert werden. Julia hatte sich der liebesdienerischen Dienste eines über die Maßen intimitätswilligen GIs namens Robert versichert, der in der Nachbarstraße Zugang zu einer Wohnung hatte. Sehr bald besaß auch sie einen Schlüssel für diese Wohnung.

Eines Tages nahm sie Tommy und mich mit, um uns stolz ihr kleines »Zweitzuhause« zu präsentieren. Robert war nicht da. Erst als die Haustür knarrend geöffnet wurde, gab sie uns fast panisch den Befehl, uns im Schlafzimmerschrank zu verstecken. Durch die einen Spalt geöffnete Schranktür waren wir in der Lage, das sich sehr bald anbahnende, achtbare Gerammel aus Nahdistanz visuell und akustisch zu verfolgen. Wir mussten uns gegenseitig die Hand auf den Mund pressen, um nicht laut loszuprusten. So ging das also.

Als Robert im Bad verschwand, öffnete Julia die Schranktür und wisperte uns zu: »Haut ab. So still und so schnell wie möglich.«

Wir entkamen auf leisen Sohlen. Hinterher wollten wir uns ausschütten vor Lachen.

»Wie die Hunde«, sagte Tommy.

Ich schaute ihn fragend an. »Und das nennt man Liebe?«

Tommy zuckte mit den Schultern.

Natürlich gab es auch Mädchen in unserem erweiterten Freundeskreis. Eine spielte sogar regelmäßig mit uns Fußball. Aber eigentlich war ein gleichaltriges

Mädchen in dieser Entwicklungsphase für uns ein ab-
solutes Neutrum, das keinerlei Anlass zu weiterfüh-
renden Überlegungen gab. Die Mädchen waren voll
akzeptiert und wir hatten (fast) keine Geheimnisse
vor ihnen.

Capelle-Mord und Polenrache

In Bremen hielten sich zu dieser Zeit Zehntausende von Displaced Persons (DPs) auf. Diese setzten sich aus ost- und westeuropäischen Zwangsarbeitern zusammen und befreiten ausländische Kriegsgefangenen, die von der amerikanischen Besatzungsmacht versorgt und in ihre Heimatländer zurückgeführt werden mussten. Aus Mangel an besseren Unterkünften war es notwendig, die DPs zwischenzeitlich wieder in ihre alten, fast menschenunwürdigen Lager einzuweisen, in denen sie zuvor unter der Knute der Deutschen gelebt hatten. Darüber waren sie so aufgebracht, dass sie vor den Lagern Schilder mit der Inschrift »Amerikanisches Konzentrationslager« aufstellten.

So herrschten in den ersten Tagen der Zwangseinweisungen chaotische Zustände, bei denen es sowohl zu wilden Plünderungen als auch zu Gewalttaten kam. Das führte dazu, dass die DPs bei der deutschen Bevölkerung schnell in den Verdacht gerieten, hochgradig kriminell zu sein. Das galt in besonderem Maße für die Polen. Dieses Vorurteil wurde noch gefördert durch ein von ehemaligen polnischen Zwangsarbeitern begangenes Kapitalverbrechen im November 1945 auf dem Hof Capelle im Niederblockland. Dort wurde eine zwölfköpfige Familie bis auf eine Person von zehn Polen mittels Maschinenpistolen ermordet. Der schwerverletzte einzige Überlebende, der sich tot stellte, war dann später in der Lage, die Täter zu identifizieren.

Die Blocklandmorde sorgten tagelang für Gesprächsstoff in unserer Familie.

»Wo liegt eigentlich dieser Hof Capelle?«, fragte ich.

»Im Niederblockland. Im vierzehnten Jahrhundert ist dort von niederländischen Deichbauarbeitern eine Kapelle errichtet worden, die diesem Flecken seinen Namen gegeben hat«, erläuterte mein Vater. »Es ist ein ziemlich einsam gelegenes Gehöft. Deshalb konnte die Bande sich ja auch unbeobachtet anschleichen und fliehen. Wir haben zurzeit etwa vierzigtausend DPs in Bremen. Die Einbrüche auf den Höfen nehmen ständig zu. Der Senat hat schon erwogen, Bürgerwehren aufzustellen und die DPs in ihren Lagern einzuschließen. Was hier abgeht, ist Polenterror.«

Meinem Vater stand die Zornesröte ins Gesicht geschrieben.

Der Hof Capelle. Schon die Erwähnung dieses Namens löste bei uns Jungen ein Gänsehautgefühl aus. Für Tommy und mich gab es da keinen Entscheidungsspielraum. Ein Ort mit höchstem Gruselfaktor. Da mussten wir hin.

Dank meines Großvaters verfügten wir über die erforderliche Mobilität. Mein Großvater hatte sein Hobby zu einem kleinen Broterwerb gemacht. Aus in Ruinen aufgefundenen Einzelteilen baute er in großem Stil nutzbare Fahrräder zusammen. Davon profitierten auch Tommy und ich.

Bis zum Niederblockland benötigten wir mit dem Fahrrad etwa eine knappe Stunde, und dann konnte das Detektivspiel beginnen. An einem frühen Freitagnachmittag brachen wir auf. Der Weg war kaum zu verfehlen, da schon in der Zeitung mehrfach Wegezeichnungen publiziert worden waren, die wir natürlich ausgeschnitten hatten.

Ein heftiger Wind trieb graue Wolkenfelder in schneller Folge vor sich her. Der Gegenwind machte uns beim Fahren stark zu schaffen. Zum Glück hatten wir lange Trainingshosen angezogen, denn es war bereits merklich kühl. Wir hatten schließlich November.

Als wir im Niederblockland eintrafen, erkannten wir, dass der Hof Capelle sich keineswegs in direkter Nachbarschaft zu anderen Höfen befand: Ein altes Bauernhaus, von hohen Bäumen dicht umstanden, schwer einsehbar – ein ideales Angriffsziel.

Bei der Annäherung an das Haus bemerkten wir sofort ein weiß-rotes Flatterband, welches um das gesamte Grundstück gezogen war und sensationslüsternen Besuchern, wie wir es waren, bedeutete, diese Markierung nicht zu überschreiten. Nach kurzer Zeit tauchten zwei Polizisten auf, die uns barsch zum Rückzug aufforderten.

»Haut ab hier. Das ist kein Abenteuerspielplatz für Rotzjungen.«

Das war deutlich. Aber was half es? Unsere Mission war schon beendet, ehe sie überhaupt begonnen hatte.

Missmutig setzten wir unseren Weg fort und fuhren weiter ins Blockland hinein. Nach einigen Kilometern passierten wir ein halb zerfallenes Hofgebäude. Wir beschlossen, uns dort ein wenig umzusehen, und stiegen von den Rädern. Langsam gingen wir auf das Haus zu. Eine morsche Tür zur Tenne hing windschief in ihren Angeln. Wir schlängelten uns durch und bemerkten einige wahllos verstreute Melkschemel. Zwei von ihnen nutzten wir als Sitzgelegenheit.

»Ob das Haus wohl einen Bombentreffer abgekriegt hat?«, fragte Tommy.

»Glaube ich nicht. Dann wäre hier alles platt. Das muss eine uralte Kiste sein, die langsam in sich zusammenfällt. Vieh gibt's übrigens auch nicht mehr.«

»Möchtest du hier draußen leben?«

Ich schüttelte den Kopf. »Das wäre mir viel zu einsam und irgendwie auch unheimlich.«

»Du hast ja nur Schiss«, sagte Tommy.

Plötzlich schien es mir, als hätte ich ein Geräusch gehört.

Auch Tommy nahm den Kopf hoch und fragte: »Waren da nicht Stimmen zu hören?«

Es waren tatsächlich Stimmen, die jetzt unüberhörbar lauter wurden.

Tommy schlich sich vor den Tenneneingang und spähte um die Ecke. »Da sind drei Männer, und ein anderer liegt auf einer Schubkarre. So wie es aussieht, ist er gefesselt«, flüsterte er mir zu.

Zwischen der Tenne und dem hinteren Teil der baufälligen Kate gab es noch eine geschlossene Verbindungstür mit einer Verglasung in der oberen Hälfte. Die Männer mit der Schubkarre benutzten zum Glück nicht den Weg über die Tenne, sondern betraten das Haus oder das, was noch von ihm übrig war, von der anderen Seite.

Wenig später hörten wir sie in dem durch die Verbindungstür abgetrennten Nebenraum. Wir kletterten auf die Melkschemel und hatten so eine ideale Beobachtungsposition auf die Vorgänge nebenan.

Eines war klar: Die Männer waren Ausländer. Sie unterhielten sich in einer für uns unverständlichen Sprache. Der tatsächlich gefesselte Mann, ein grobschlächtiger Hüne mittleren Alters, wurde von zwei Personen aus der Schubkarre gehoben und über einen Tisch gelegt. Dabei war auch zu erkennen, dass der Mann einen Knebel im Mund trug. Einer der Ausländer riss ihm die Kleidung vom Leib. Bei den drei ausgemergelten Gestalten handelte es sich offensichtlich um DPs.

Der gefesselte und geknebelte Mann lag bäuchlings

auf dem Tisch. Sein Kopf hing von der Tischplatte herunter. Einer der Männer trat ihm mit voller Wucht ins Gesicht, so dass sofort ein Blutschwall aufspritzte. Die beiden anderen begannen, mit einer Lederpeitsche und einer Holzlatte auf ihr Opfer einzuschlagen.

»Weg hier«, sagte ich zu Tommy. »Wenn die uns zu fassen kriegen, schlagen die uns genauso zusammen.«

Auf Zehenspitzen schlichen wir durch die Tennentür und rannten zu unseren Fahrrädern.

»Wir müssen die Polizisten beim Hof Capelle informieren«, sagte Tommy. »Die Schweine schlagen den Mann bestimmt tot.«

Nur weg von hier – das war unser einziger Gedanke. Dann strampelten wir mit äußerster Anstrengung zurück zum Hof Capelle. Die Polizisten waren noch vor Ort.

»In einem alten Bauernhaus da hinten wird ein Mann totgeschlagen«, schrie Tommy.

Die Polizisten schauten uns ungläubig an.

»Fahrt nach Hause, ihr Abenteurer«, sagte der eine. »Ihr habt wohl Langeweile.«

»Wir haben es beide gesehen«, sagte ich. »Es sind drei Kerle. Sie haben einen gefesselten Mann in das Haus geschleppt, der ein Tuch im Mund stecken hatte. Und sie sprachen kein Deutsch.«

Da wurden die Polizisten hellhörig.

»Ein Tuch im Mund? Das ist ein Knebel. Damit man keine Schreie mehr hören kann. Hat keiner von denen ein Wort Deutsch gesprochen?«

»Nein, wir haben nichts verstanden. Es müssen Ausländer sein.«

»In Ordnung«, sagte der eine Polizist. »Ich rufe jetzt einen Streifenwagen hierher. Wehe, wenn ihr uns veralbert habt. Ihr werdet uns zu dem Haus begleiten.«

Eine knappe Viertelstunde später erschien ein

Streifenwagen vor dem Hof Capelle.

»Wir werden auf keinen Fall mit Blaulicht fahren, um die Bande nicht vorher zu warnen«, sagte der Fahrer.

Wir durften hinten im Streifenwagen Platz nehmen. Die beiden Polizisten folgten uns auf Motorrädern.

»Da vorne ist es«, sagte Tommy zu dem Fahrer, der noch von einem Kollegen begleitet wurde. Der Fahrer stoppte das Fahrzeug und gab den Polizisten auf den Motorrädern ein Handzeichen.

»Ihr bleibt hier im Wagen«, sagte er zu uns. »Ihr dürft das Fahrzeug auf keinen Fall verlassen. Ist das klar?«

Wir nickten.

Der Streifenwagen fuhr bis auf etwa hundert Meter an das von uns bezeichnete Gebäude heran. Dann pirschten die vier Polizisten auf die Kate zu. Sie umstellten das Haus, und auf ein lautes Kommando stürmten zwei von ihnen hinein. Es fiel kein Schuss.

Wenig später sahen wir den Fahrer aus dem Haus kommen, der sich in einem Graben erbrach. Anschließend kam er schweren Schrittes zu dem Streifenwagen zurück.

»So etwas Grauenvolles habe ich noch nie gesehen«, stöhnte er. »Ihr bleibt auf jeden Fall hier drin. Der Anblick ist nichts für euch.«

Dann rief er über Funk einen Krankenwagen.

»Was ist mit dem Mann?«, fragten wir.

»Das ist kein Mann mehr. Das ist nur noch ein Bündel rohes Fleisch. Aber er hat noch schwach geatmet, als wir ihn gefunden haben. Vielleicht habt ihr ihm sogar das Leben gerettet, obwohl das, was jetzt noch vor ihm liegt, wahrscheinlich kein normales Leben mehr sein wird.«

»Und haben Sie die Leute, die das getan haben, gefasst?«

Der Fahrer schüttelte den Kopf. »Die Bande war schon ausgeflogen. Nur eine Schubkarre stand noch im Raum.«

Es dauerte nicht lange, bis sich ein Ambulanzauto dem Gebäude näherte. Zwei Männer sprangen mit einer Bahre heraus. Sie kehrten sehr bald zurück. So viel konnten wir trotz des Verbotes dennoch sehen: Der Klumpen Fleisch, den sie auf der Bahre transportierten, hatte nicht mehr viel mit einem Menschen gemein. Die drei Schläger hatten Hackfleisch aus dem Mann gemacht, der entweder tot oder nicht mehr bei Bewusstsein war. Der Krankenwagen schaltete sein Martinshorn ein und fuhr mit hoher Geschwindigkeit den Weg zurück.

»Das sieht nach einem Racheakt aus«, sinnierte der Fahrer. »Wir bringen euch jetzt zu euren Eltern zurück. Ihr könnt hier nicht mehr mit dem Rad herumfahren. Es wird bereits dunkel. Und wie gefährlich dieses Gebiet ist, das habt ihr ja selbst erlebt. Eure Räder werden verladen und euch morgen zugestellt.«

Wir blieben somit hinten im Streifenwagen sitzen. Irgendwie fühlten Tommy und ich uns ungeheuer wichtig. Wir hatten bei der Aufklärung eines Verbrechens mitgeholfen. Ob allerdings mein Vater unseren Stolz teilen würde – da war ich mir nicht so sicher.

Mit dieser Befürchtung sollte ich Recht behalten.

»Habt ihr den Verstand verloren, euch in dieser Gegend herumzutreiben?«, brüllte er uns an und nahm eine bedrohliche Position ein. Erst das Lob eines Polizisten, dass wir uns vorbildlich verhalten hätten, konnte ihn umstimmen.

Die nächsten Tage erbrachten neue Erkenntnisse. Bei dem Opfer handelte es sich um einen deutschen Schmied, der immer dann von den Bewohnern der

Gehöfte geholt wurde, wenn sich einer der Zwangsarbeiter oder Kriegsgefangenen etwas hatte zu Schulden kommen lassen (gemäß Interpretation seines deutschen Arbeitgebers). Der Schmied war es dann, der diese Leute mit äußerster Brutalität verprügelte, wobei er nicht vor Foltermaßnahmen zurückschreckte.

Nun hatte sich das Blatt gewendet – die DPs hatten sich an ihm gerächt und ihn zum Krüppel geschlagen. Obwohl wir ihre Tat verurteilten, hielt sich unser Mitleid mit dem Schmied – nach Kenntnis der Vorgeschichte – dann doch in Grenzen.

Im Gegensatz zu den zehn Polen, die als Mörder an unschuldigen Personen auf dem Hof Capelle galten und von denen vier nach einem Verfahren vor dem amerikanischen Militärgericht auf einem Bremer Flughafengelände hingerichtet wurden, blieben die Schmiedfolterer unentdeckt.

Julia im Stalag

Die vom Nationalsozialismus entwickelte Hassideologie gegen Juden und andere »Volksschädlinge« hatte keinen Eingang in meine Erlebniswelt und die meiner Freunde in der Endphase des Krieges und kurz danach gefunden. Die tröpfchenweise durchsickernden Berichte über Massenmorde und Vergasungen in den Konzentrationslagern trafen in meinem familiären Umfeld zunächst auf Ungläubigkeit und zunehmendes Entsetzen.

Diese Unkenntnis in großen Teilen der Bevölkerung war auch den Militärverwaltungen in den besetzten Städten und Gemeinden nicht entgangen. Dies führte zu der Maßnahme, dass zur Verbreitung des Wissens über die Zustände in den befreiten Konzentrationslagern schon kurz nach Kriegsende von den Engländern in Bremen etwa vierhundert junge Frauen wahllos zusammengesucht wurden. Der Plan war, diese Frauen in das ehemalige Kriegsgefangenen- und KZ-Auffanglager Sandbostel bei Bremervörde zu verbringen. Hier wurden sie zu Pflegearbeiten todkranker Insassen und Säuberungsarbeiten in den Baracken verpflichtet. Die Berichte dieser Frauen und Mädchen sollten für die Bremer ein erster Orientierungspunkt über das Ausmaß der Gräuel in den Lagern sein.

Eines dieser »erwählten« Mädchen war auch Julia, die Halbschwester von Tommy.

Sandbostel, bekannt als Stalag X-B (Abkürzung für Stammlager B des Wehrkreises X), war eines der größten von etwa einhundertfünfzig betriebenen Kriegsgefangenenlagern während des Zweiten Weltkriegs in Deutschland.

Vom Stalag X-B am Rande des Teufelsmoors wurden die Kriegsgefangenen ursprünglich auf Hunderte von Arbeitskommandos im Elbe-Weser-Raum verteilt. Es war allerdings kein Vernichtungslager mit Verbrennungsöfen wie die berüchtigten Konzentrationslager.

Der Status als reines Kriegsgefangenenlager änderte sich gegen Kriegsende, als Mitte April 1945 etwa 9.000 Häftlinge aus dem Konzentrationslager Neuengamme bei Hamburg nach Sandbostel verlegt wurden. Es war das Ziel der SS, die letzten lebenden KZ-Häftlinge vor den heranrückenden Engländern in ein völlig entlegenes Gebiet zu schaffen, um den Beweis der Verbrechen der Nazis zu vertuschen.

Im Lager Sandbostel beobachteten etwa 15.000 Kriegsgefangene die Ankunft der KZ-Häftlinge. Einige waren so schwach, dass sie mit einer Moorkultur-Lorenbahn direkt vor das Eingangstor des Lagers gefahren werden mussten. Nach ihrer Einlieferung starben pro Tag Hunderte von Menschen an Krankheiten, Schwäche und gezielten Tötungen. Ihre Leichen lagen zwischen Lebenden und Sterbenden in den mit Kot verunreinigten Baracken oder draußen auf den Wegen.

Am Nachmittag des 29. April 1945 erreichten die ersten britischen Armeeeinheiten das Lager Sandbostel. Trotz der Nothilfe, die Kriegsgefangene an den KZ-Häftlingen leisteten, starben mehr als 2.000 Menschen in den letzten zweieinhalb Wochen des Krieges.

Wenig später schlug dann die Stunde des Entsetzens für die Frauen und Mädchen aus Bremen und Umgebung, die in dieses Inferno zu Hilfs- und Reinigungsleistungen zwangsverpflichtet wurden.

Als Julia einem in zerrissenen, gestreiften Lumpen auf einer Pritsche liegenden KZ-Häftling ein Glas Wasser brachte, berührte dieser ihren Arm und richtete sich mühsam etwas auf. Das Alter des Mannes konnte sie nicht einmal ansatzweise abschätzen. Der Mann blickte sie an, und der Anflug eines Lächelns huschte über das fast erloschene Gesicht. Der Kontakt währte vielleicht nur zehn Sekunden. Dann fiel der Mann zurück und bewegte sich nicht mehr.

Schreiend erhob sich Julia. Eine Hand legte sich auf ihre Schulter. Es war der britische Lagerarzt.

»He is dead«, sagte er. »It's okay.«

Wer war schuld an diesem Leid?

»Ich wollte das alles nicht wissen«, sagte Julia, als wir sie nach der Rückkehr aus dem Lager nach ihren Eindrücken befragten. »Fragt mich bitte nie wieder nach Sandbostel«, beschied sie Tommy und mich, nachdem wir sie um weitere Informationen baten.

Dennoch hatten diese Erlebnisse sie bis ins Mark geprägt. Von geringen Ausnahmen abgesehen, kam die Freude nicht mehr in ihr Leben zurück. Mit knapp zwanzig Jahren beging sie Selbstmord.

Der Stiefvater

Der Zwangsaufenthalt in Sandbostel war allerdings nicht die einzige Traumatisierung, der sich Julia in der Nachkriegszeit ausgesetzt sah.

Der Stiefvater der Halbgeschwister, Oskar Kaufhold, fand keine berufliche Anstellung. Als talentierter Fußballspieler kickte er für wenig Geld bei den stadtbremischen Vereinen Werder und BSV. Wie er seine Familie überhaupt über Wasser halten konnte, blieb meinen Eltern immer ein Rätsel. Offenbar musste Mutter Ruth als Bardame für den Löwenanteil der Familienversorgung geradestehen.

»Ich glaube, der klaut. Oder er macht irgendwelche krummen Geschäfte mit den Amerikanern«, vermutete mein Vater.

In der Vorweihnachtszeit des Jahres 1947 schien es ihm besonders schlecht zu gehen. Offensichtlich hatte er nicht einmal kleinste Geschenke für seine Familie.

So betrat er kurz vor Ladenschluss in der nahegelegenen Kirchbachstraße ein kleines Kolonialwarengeschäft. Er war der einzige Kunde im Laden. Er hatte die Situation vorher mit Sicherheit genau ausgespäht. Nur noch der Ladeninhaber war anwesend. Ein Mann in den mittleren Jahren.

Oskar Kaufhold bestellte zehn Kilo Walnüsse. Als sich der Verkäufer über den Sack mit den Nüssen beugte, schlich er sich unbemerkt von hinten heran und entnahm seinem Einkaufsbeutel einen Hammer. Damit schlug er dem Mann so lange auf den Hinterkopf, bis dieser blutüberströmt zusammenbrach. Anschließend ging er an die Kasse und nahm sämtliches Hart- und Papiergeld an sich. Das Geld verstaute er in seiner Einkaufstasche. Ohne auffällige Hast verließ er den Laden und warf den Hammer in einen Vorgarten.

Das Opfer dieses Raubüberfalls hatte jedoch Glück im Unglück gehabt. Die Schläge hatten seinen Schädel nicht zertrümmert, so dass er mit allerletzter Kraft noch in der Lage war, sich an die Tür zu schleppen und laut um Hilfe zu rufen.

»Überfall, Mörder«, brachte er noch hervor, ehe er endgültig zusammenbrach.

Einige Straßenpassanten waren aufmerksam geworden und leisteten Erste Hilfe. Einer von ihnen nahm die Verfolgung von Oskar Kaufhold auf, dem der Hilfeschrei nicht entgangen war. Er wechselte jetzt vom ruhigen Gehtempo in den Laufschritt über. Als Berufsfußballspieler war er natürlich konditionell in guter Verfassung und legte schnell einen deutlichen Abstand zwischen sich und den Verfolger. Dieser begann zu schreien:

»Haltet den Mann! Das ist ein Mörder!«

Seine Rufe blieben nicht ungehört. Weitere Passanten beteiligten sich jetzt an der Verfolgung.

Oskar Kaufhold war auf der Flucht von der Kurfürstenallee in die Orleanstraße eingebogen, wo sich eine Feuerwache befand. Die Feuerwehrleute, die sich auf dem Vorplatz mit der Ausrüstung eines ihrer Fahrzeuge beschäftigten, wurden aufmerksam.

»Mörder – haltet ihn«, tönte es ihnen mehrstimmig entgegen, während Oskar Kaufhold genau auf sie zulief. Als er die Feuerwache passieren wollte, warfen ihm die Männer einen ihrer Hochdruckschläuche zwischen die Beine und überwältigten ihn. Die Feuerwehrmänner fesselten ihn mit Seilen an eine Stahlleiter ihres Fahrzeugs und verständigten die Polizei.

Nach seiner Festnahme wurde Oskar Kaufhold ins Hamburger Gefängnis Fuhlsbüttel überführt und in

einem späteren Prozess zu einer langjährigen Frei-
heitsstrafe verurteilt.

Der Ladeninhaber hatte den brutalen Überfall überlebt. Ihm wurden Spezialplatten in den Schädel imp-
lantiert, die zwar ein Weiterleben ermöglichten, ihn
aber zeitlebens behinderten.

Für die Familie Kaufhold war dieses vom Ehemann
und Stiefvater begangene Verbrechen natürlich ein
furchtbarer Schlag. Sie waren selbst Opfer geworden.

Sollte ich deshalb meine Freundschaft zu Tommy
aufgeben? Spielt man mit einem Kind aus einer Mör-
derfamilie nicht mehr?

Aber diese Fragen stellten sich für mich nicht, da die
Freundschaft zwischen Tommy und mir fest gewach-
sen war.

Julia allerdings hat diesen Schlag nie verwunden.

Mutter Ruth ließ sich kurze Zeit später scheiden.

Tommy schloss die Vorkommnisse irgendwie in sich
ein. »Das ist und war nicht mein Vater«, sagte er ab-
weisend, wenn er auf den Vorfall angesprochen wurde. »Ich will ihn nie wiedersehen. Niemals.«

Für uns alle hatte Oskar Kaufhold aufgehört zu
existieren.

Nachdem sich der erste Schock langsam gelegt hatte, gewann Tommy seine unverstellte Jungenhaftigkeit
zurück. Mehr noch – er wirkte regelrecht befreit.

Die Lebensmittelkarte

Die brutalen Winter 1945/46/47 stellten die Bevölkerung vor schwerste Probleme. Hunger, Wohnraummangel und Schutz vor klirrender Kälte waren die beherrschenden Themen. Das Hauptproblem war der Hunger. Die über Lebensmittelkarten zugeteilten Nahrungsmittelrationen waren einfach nicht ausreichend.

Unsere Familie war durch die Möglichkeiten meines Vaters gegen den Mangel an Grundnahrungsmitteln etwas besser gestellt als viele andere. Dennoch gingen die Entbehrungen auch an uns nicht spurlos vorüber.

Die generelle Lebensmittelversorgung in Norddeutschland war Anfang 1946 im Prinzip zusammengebrochen. Ein paar Scheiben Brot, eine Messerspitze Margarine, wenige Gramm Käse und Fleisch – von dieser Tagesration mussten die meisten Deutschen leben. Die tägliche Essensration lag im März 1946 bei etwa 1.000 Kalorien. 1.700 Kalorien benötigt ein Mensch, um zu überleben, wenn er im Bett liegt. Bereits im Frühjahr wurde ersichtlich, dass die Getreidevorräte nicht bis zur nächsten Ernte reichen würden.

Im Sommer 1946 wurde die Fettration pro Monat von 400 auf 200 Gramm halbiert. Die Tagesration für jeden Einzelnen betrug damit sieben Gramm – ein Zehntel des täglichen Bedarfs!

Wir gehörten nicht zu den deutschen Familien, die Care-Pakete aus den USA erhielten. Diese Care-Pakete, die zumeist vom Sozialamt an bedürftige Familien ausgegeben wurden, enthielten im Wesentlichen Mehl, Zucker, Milchpulver, Fleischkonserven und Schokolade. Meine kulinarischen Höhepunkte stellten sich recht übersichtlich dar: Als typisches Kind der

Nachkriegszeit wuchs ich mit Zichorien-Kaffee und Lebertran auf, dazu Steckrüben, Steckrüben und bis zum Abwinken Steckrüben.

Natürlich war auch für unsere Familie unter den gegebenen Umständen der Besitz einer Lebensmittelkarte unverzichtbar. Da mein Vater mit den Planungen und Vorbereitungen für den Aufbau eines neuen Laboratoriums durchgängig beschäftigt war und meine Mutter sich allein um sämtliche haushaltstechnischen Pflichten einschließlich Stricken, Nähen und Ausbesserung von Kleidungsstücken kümmern musste, fiel mir die Rolle des Einkäufers im Kolonialwaren- und Gemüseladen zu. Somit war ich auch Herr der Lebensmittelkarte.

Nach Beendigung des Krieges waren seitens der Besatzungsmächte neue Lebensmittelkarten ausgegeben worden, die entsprechend der Schwere der Arbeit in fünf Verbrauchergruppen eingestuft wurden. Darüber hinaus wurden auch die Rationen an Fleisch beziehungsweise Fisch, Fett, Zucker, Brot, Salz, Kartoffeln und Kaffee-Ersatz je nach Vorrätigkeit festgelegt. Durch öffentliche Aushänge wurden an den Wochenenden die für die jeweils nächste Woche erhältlichen Waren bekanntgegeben.

Rationierte Lebensmittel konnten in den Läden nur gegen die entsprechenden Lebensmittelkartenabschnitte, die sogenannten Lebensmittelmarken, erworben werden. Die Lebensmittelmarken gerieten damit auch auf dem Schwarzmarkt zu einem äußerst beliebten Tauschobjekt.

Als Chefeinkäufer trug ich die Lebensmittelkarte ständig bei mir. Es war klar, dass ich sie wie einen Augapfel hüten musste. Daher verstaute ich sie in meiner Anorakjacke, deren Seitentaschen mit einem Reißverschluss zu verschließen waren. Im Sommer verwahrte ich sie zusammengefaltet in meiner Hosentasche. Bei diesem direkten Körperkontakt konnte eigentlich nichts Schlimmes passieren.

Bis es sich dann doch ereignete. Ich hatte das Frühstücksbrot in meiner Anoraktasche verstaut, in der sich auch die Lebensmittelkarte befand. Um sie vor möglichen Fettflecken zu schützen, steckte ich sie in die andere Seitentasche, die ich aus unerfindlichen Gründen nicht mit dem Reißverschluss sicherte.

Bei einem kurzfristig anberaumten Fußball-Außenspiel auf einer räumlich stark begrenzten Grünfläche diente die Jacke als linker Torpfosten.

Der Kampf der beiden Teams wogte hin und her, bis irgendwann einer der Spieler in der Absicht, einen langen Ball zu erwischen, voll in meine Jacke grätschte. Bei diesem Vorgang fiel auch die Lebensmittelkarte aus der Jacke, lag noch einige Sekunden daneben und flog beim ersten Windstoß in hohem Bogen davon.

»Da fliegt was«, sagte Tommy nach der ersten Überraschung.

»Wo?«, fragte ich blöde.

»Na, da hinten, dieser Papierfetzen.«

Mich überkam es heiß und kalt. Ich ahnte es mehr, als dass ich es wusste. »Das ist meine Lebensmittelkarte!«, schrie ich.

»Deine Lebensmittelkarte?«

»Ja, das muss sie sein. Was denn sonst?«

Das Außenspiel fand eine jähe Unterbrechung. Mit Tommy und einigen anderen Kickern hatte ich mich auf die Verfolgung der zum Spielball des Windes gewordenen Karte gemacht. Den Abflug in die Tiefe eines Gullys hatten wir gerade noch mitbekommen. Ich rüttelte an der gitterförmigen Abdeckung aus

Gusseisen, um Zugang zum Abwasserablaufschacht zu finden.

Am Boden dieses Schachtes in einer Tiefe von mehr als einem Meter lag eingehüllt in Dreck und Schlamm meine Lebensmittelkarte. Der Versuch, den Rost anzuheben, scheiterte. Der Gullydeckel saß bombenfest. Erst mit vereinter Hilfe mehrerer Jungen gelang es uns, den Deckel anzuheben. Die Karte drohte dabei jederzeit, auf Nimmerwiedersehen in den Sog des Kanals gerissen zu werden. Und das konnte schon im nächsten Augenblick erfolgen.

Ein Einsteigen in den Schacht war unmöglich. Er war zu eng und bot keine Bewegungsfreiheit. Es gab nur eine Lösung: Irgendein schlanker Hering musste

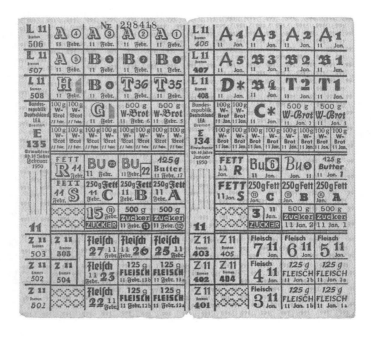

kopfüber in den Schacht gehängt werden und dann versuchen, die Karte irgendwie aus dem Schlick herauszufingern.

Tommy war der Schmalste von uns und er erklärte sich bereit. Mit einem anderen Jungen übernahm ich die Aufgabe, ihn an den Füßen haltend in den Gully abzusenken. Aus irgendeinem Grunde gerieten wir leicht ins Straucheln und Tommy krachte mit dem Kopf gegen den eisernen Rand des Schlammfangeimers, wobei er sich eine stark blutende Wunde zuzog.

Plötzlich schrie er: »Ich hab sie!«

Mit größter Mühe zogen wir ihn wieder hoch. Er hielt die schlamm- und blutbefleckte Lebensmittelkarte in der Hand.

»Danke, Tommy«, stammelte ich.

Ich umarmte ihn, und wie ich ihn da stehen sah, blutend und schlammverschmiert, war mir alles egal. »Du kannst die Karte behalten. Du hast sie verdient.«

Tommy weinte vor Freude. Gemeinsam gingen wir nach Hause.

Als ich meinem Vater die Sache beichtete, verprügelte er mich.

»Damit du das richtig einordnest«, sagte er später. »Die Prügel waren für deinen schlampigen Umgang mit der Karte. Aber dass du deinem Freund nach seiner großartigen Hilfsaktion die Karte geschenkt hast, war eine gute Entscheidung. Ich bin stolz auf dich.«

Damals habe ich gedacht: Wenn mir doch bloß mal einer erklären könnte, wie Erwachsene ticken.

Federvieh und Kohlenklau

Zur Bekämpfung der Lebensmittelknappheit folgten meine Eltern dem Beispiel vieler Nachbarn, die sich Gehege und Ställe mit Nutztieren auf ihren Grundstücken anlegten.

Während in unserer Nachbarschaft Kaninchenställe dominierten, errichtete mein Vater einen Hühnerstall für einen Hahn und acht Hennen. Die Versorgung mit frischen Eiern war somit sichergestellt. Da es mir oblag, die Hühner zu füttern, entwickelte sich geradezu ein Haustier-Herrchen-Verhältnis zwischen uns. Unter den Hühnern befand sich ein besonders vorwitziges Tier, der sogenannte »Sturzkampfbomber« (Kosename Stucki), der mir seine Zuneigung so unverblümt zeigte, dass er bei jeder Fütterung vor Begeisterung versuchte, auf meinen Kopf zu fliegen, was ihm auch einige Male gelang.

Ich liebte diesen Stucki sehr und war umso entsetzter, als eines Tages mein Vater dem Huhn den Kopf abschlug. Der Torso flatterte für einige Momente kopflos durch den Garten. Das alles nur von der reinen Fressgier gesteuerten Absicht, ein gebratenes Huhn am Familientisch zu verspeisen.

Als der Braten auf den Tisch kam, hasste ich meinen Vater dafür aus tiefster Seele und war nicht in der Lage, auch nur einen einzigen Bissen runterzuwürgen. Am liebsten hätte ich das gesamte Geschirr vom Tisch gerissen und ihm den Vogel an den Kopf geworfen. Aber ich traute mich nicht.

Tagelang habe ich danach mit meinem Vater kein Wort gesprochen, und irgendwie wirkte er auch ein wenig schuldbewusst.

Andere Nachbarn hingegen hielten ein Schaf, das die Familie mit Milch versorgte. Auch diese »Unmenschen« haben später ihr Haustier verspeist.

Eine Riesenaufregung gab es, als eines Nachts ein orkanartiger Sturm die Tür unseres Hühnerstalls aufsprengte und das gesamte Federvieh in die nähere Umgebung flog. Das Wiedereinfangen der Tiere zog sich über Stunden hin, und eine Henne blieb verschollen.

Doch nicht nur die Lebensmittelknappheit war ein Versorgungsproblem. In den eisigen Wintern der Nachkriegszeit fehlte es auch überall an Brennmaterial. In den meisten Häusern wurde ein gusseiserner Kanonenofen betrieben, der mit Holz, Kohle oder Briketts zu beheizen war. Die Beheizung beschränkte sich im Wesentlichen nur auf einen einzigen Raum – das Wohnzimmer. Ins Bett ging man mit Strümpfen und im Pullover.

Holz und sogenannte Kienäpfel waren in unserem Haus immer nur dann im Angebot, wenn mein Vater neben seiner beruflichen Tätigkeit Zeit fand, dem Jagdrevier und der Hütte einen Besuch abzustatten und ich gemeinsam mit meinem Großvater den Wald nach Brennmaterial durchkämmte. Doch diese Vorräte waren schnell wieder verbraucht. Ein Problem, das wir durch verbotene Baumfällungen und Kohlenklau von den Waggons auf dem nicht allzu weit entfernten Bahndamm zu bewältigen suchten. Für die Beschaffung von Kohle mussten wir den Pfad der Legalität verlassen.

Es hatte sich natürlich herumgesprochen, dass die in der Nähe unseres Hauses verkehrenden und fallweise auch zwischengeparkten Güterzüge sehr häufig mit Kohle und Koks beladen waren. Einiges von diesen begehrten »schwarzen Diamanten« fiel während des Transports von den Waggons herunter und ließ sich am Bahndamm einsammeln. Zuweilen konnte man auch von den stehenden Güterwagen Stücke der Kohle herunterschubsen und anschließend in Säcke abfüllen. Nur erwischen lassen durfte man sich dabei nicht. Die Polizei führte regelmäßige Kontrollen durch. Wer geschnappt wurde, musste alles abgeben und lief sogar Gefahr, verhaftet zu werden.

Doch abgesehen davon gab es beim Kohlenklau auch noch andere Risiken. Zwei meiner Freunde aus der Fußballszene befanden sich noch auf der Kegelspitze eines Kohlenberges im Waggon, als sich der gesamte Güterzug plötzlich in Bewegung setzte. Die beiden waren so sehr überrascht, dass sie den sofortigen Absprung verpassten – und danach war es zu spät. Der Zug nahm sehr schnell Fahrt auf, so dass sie sich mit den Händen in den Kohlenberg eingraben mussten, um nicht heruntergeschleudert zu werden.

Die Begeisterung über den Luxus einer nächtlichen Eisenbahnfahrt unter Frischluftbedingungen hielt sich in Grenzen. Auch der eisige Fahrtwind und eine Außentemperatur von etwa minus zehn Grad Celsius trugen nicht wesentlich zum Wohlbefinden bei.

Natürlich haben wir sofort die Eltern der beiden Jungen verständigt, die nun gezwungen waren, sich unverzüglich mit der Polizei in Verbindung zu setzen. Es gab keinen Zweifel: Uwe und Thilo befanden sich in höchster Lebensgefahr und drohten überdies zu erfrieren.

Kurz vor Osnabrück drosselte der Güterzug seine Fahrt und kam schließlich fünfhundert Meter vor dem Hauptbahnhof zum Stehen. Unsere Freunde schafften es, in der Dunkelheit herunterzuspringen, und liefen so lange in Fahrtrichtung den Bahndamm entlang, bis sie auf ein besetztes Bahnwärterhäuschen trafen, wo sie ihre Geschichte erzählten. Die Jungen wurden in Decken gehüllt und erhielten warme Getränke. Dann telefonierte der Bahnwärter mit der Bremer Polizei. Die schickte einen Streifenwagen nach Osnabrück, wo die »Helden des Kohlenklaus« den Beamten übergeben wurden. Spät in der Nacht gelangten sie dann wieder zu ihren Familien.

Auf eine Kohlenklau-Anzeige hatte die Polizei in diesem Fall großzügig verzichtet.

»Nie wieder setze ich einen Fuß auf so einen Kohlenwaggon«, beteuerte Uwe im Freundeskreis. Beide hatten Erfrierungen an den Händen davongetragen, während sie sich vorübergehend an der Waggoneinfassung festgehalten hatten.

Ihre Eltern hatten keinen Grund, mit den Jungen ins Gericht zu gehen. Sie hatten die Absicht der illegalen Kohlenbeschaffung grundsätzlich gebilligt.

Not macht erfinderisch

Auch der längste und härteste Winter wird irgendwann einmal von einer wärmeren Jahreszeit abge-
löst. Frühlingsblumen in einer Trümmerlandschaft
bewirken noch kein Vergessen der Gräuel des Krieges – aber sie weckten die Erinnerung an ein norma-
leres Leben.

Noch waren im Frühjahr 1946 die Lebensmittel
knapp und die Wohnraumverhältnisse katastrophal.
Aber es herrschte eine Aufbruchstimmung, die aus der
Not geboren wurde.

Für uns, die Kriegskinder, war der Begriff Normalität noch nicht mit Erfahrungen besetzt. Unser frühes-
tes Erinnerungsvermögen war geknüpft an Ereignisse
wie Bombenhagel, Bunkerleben, ausgebrannte Häuser
und tote oder vermisste Angehörige. Im Gegensatz zu
den Erwachsenen waren wir jedoch, wenn wir nicht
unmittelbare Zeugen schrecklicher Geschehnisse geworden waren, nicht unbedingt traumatisiert. Unser
bewusstes Leben begann ja erst jetzt.

Im Frühjahr 1947 kamen Tommy und ich auf die
Idee, eine Jahrmarktbude auf einer Freifläche in unserer Wohnstraße zu eröffnen. Ziel der Vergnügung war
es, eine Blechdosenpyramide abzuräumen, die wir auf
einem Holztisch aufgebaut hatten. Als Wurfgeschoss
diente ein Stoffball. Mit drei Würfen sollten alle Dosen
vom Tisch gefegt sein. Hierfür kassierten wir zwanzig
Pfennig. Gelang es einem Werfer, die Pyramide komplett
mit der geforderten Wurfzahl vom Tisch zu schießen,
winkte als Preis ein Riegel Block- oder Cadbury-Schokolade, die Frau Erna Hohweg über ihre beruflichen
Kontakte zu den Amerikanern für uns besorgt hatte.

Dabei hatten wir uns auch einige marktschreierische Losungen für die Passanten zurechtgelegt:

»Ei, Ei – und du gehst vorbei?«

Oder: »Wer hier vorbeigeht, muss sterben.«

Der unternehmerische Erfolg blieb nicht aus. Die meisten scheiterten bei ihrem Versuch mit den drei Würfen, und es blieb noch genügend Schokolade für uns übrig.

Beim Wiederaufsammeln der heruntergefallenen Blechdosen zog ich mir eines Tages eine tiefe Schnittwunde an einer scharfkantigen und rostigen Doseneinfassung zu. Gegen Abend schwoll der Arm merklich an und begann, höllisch zu schmerzen. Eine rote Linie kroch bis zur Armbeuge hoch. Mein Vater wusste sofort, was das zu bedeuten hatte.

»Das ist eine Blutvergiftung«, schrie er. »Du musst sofort in die Klinik. Wenn die rote Linie das Herz erreicht, stirbt man.«

Er verfrachtete mich in sein Auto, und wenige Minuten später erreichten wir die Krankenhausaufnahme.

»Klarer Fall von Lymphangitis [Blutvergiftung]«, sagte der Stationsarzt. »Viel später hätten Sie nicht kommen dürfen.«

Ich wurde mit Antibiotika und Antiseptika behandelt. Der Arm wurde in einer Schiene ruhig gestellt. Es war gerade noch mal gutgegangen.

Der Heimkehrer

Wir spielten einige Wochen später Völkerball, ein Spiel, an dem auch mehrere Mädchen teilnahmen. Dabei fiel uns auf, dass sich ein äußerlich ungepflegter, hohlwangiger Mann unbestimmbaren Alters unserer Spielstätte näherte. Schließlich blieb er stehen und beobachtete äußerlich regungslos, irgendwie auch gedankenverloren, unsere Bemühungen, den Gegner im Sinne der Spielordnung aus dem Feld zu schießen. Ein Körpertreffer mit dem Ball provozierte dann den Jubelruf: »Du bist tot – du musst raus.«

Gelegentlich schüttelte der Mann etwas irritiert den Kopf. Dann trat er etwas näher an die Spielfeldumrandung heran und schien eine Frage stellen zu wollen, die ihm aber nicht über die Lippen kam. Geradezu hilflos blickte er auf das laute Treiben der Jugendlichen, bis sich schließlich Martin Kehl – im Freundeskreis »die Großschnauze« genannt – erbarmte und auf den Mann zuging.

»Is was, Alter?«, fragte er ziemlich rüde.

»Nein, nein«, sagte der Mann, der seine Zerstreutheit nur schlecht verbergen konnte.

Wir setzten das Spiel fort und versuchten, ungeachtet, ob es sich um Jungen oder Mädchen handelte, die Spieler der gegnerischen Mannschaft abzuschießen.

Die abgeschossenen Spieler mussten das Feld verlassen und feuerten dann den verbliebenen Rest der Mannschaft frenetisch an.

Als es Gerd Keding erwischte und er sich mit einer resignierenden Geste vom Spielfeld zurückzog, sprach ihn der Mann an und fragte:

»Hier in der Nähe gab es eine Donandtstraße.

Könntest du mir sagen, wie ich dort hinkomme?«

Gerd Keding deutete mit dem Arm in eine Richtung. »Immer geradeaus und dann die zweite Straße rechts. Es ist nicht sehr weit von hier. Höchstens ein Fußweg von fünf Minuten.«

»Danke«, sagte der Mann und machte sich auf den Weg in die ihm angezeigte Richtung.

Nach etwa einer Stunde kehrte er zurück. Er wirkte fahrig und auch irgendwie verzweifelt.

»Na, haben Sie die Straße gefunden«, unterbrach Gerd Keding seine tänzelnden Bewegungen und begab sich an die Außenlinie des Spielfeldes.

»Ja, aber das Haus steht nicht mehr. Ich habe nach einer Hausnummer 38 gesucht – aber es gibt nur noch einen großen Bombentrichter.«

Die Völkerballspieler hatten inzwischen ihr Spiel unterbrochen und umringten den Mann. Jeder wollte seine Geschichte hören, oder ihm vielleicht auch irgendwie behilflich sein.

»Wo kommen Sie denn jetzt überhaupt her?«, fragte ich ihn.

»Aus russischer Kriegsgefangenschaft. Ich wurde aus einem Lager in Ostpreußen entlassen. Viele von uns sind noch drüben. Oder nach Sibirien abgeschoben, und noch viel mehr sind gestorben. Krankheiten, Hunger, Folter. Aber das ist eben der Krieg. Von meiner Familie habe ich seit Jahren nichts mehr gehört.«

»Damals haben Sie in der Donandtstraße 38 gewohnt?«

»Ja, es war allerdings ein Mehrfamilienhaus. Wir hatten dort eine Mietwohnung.«

Tommy wollte es nun genauer wissen. »Wie heißen Sie denn? Vielleicht kennt ja jemand von uns Leute mit diesem Namen.«

»Wahrscheinlich heißt er Meier«, flüsterte mir Martin Kehl – die Großschnauze – zu.

Doch dann wurde es richtig spannend.

»Ich heiße Johannes Schrader«, sagte der Mann. »Ich war Postbeamter. Kennt ihr vielleicht jemanden dieses Namens?«

Die Jugendlichen schüttelten mit dem Kopf. Dann meldete sich plötzlich eines der Mädchen.

»Ich habe den Namen Schrader schon einmal gehört. Ich glaube, ein Mädchen heißt so, die mit meiner Schwester in die gleiche Klasse geht. Ich kenne aber nicht den Vornamen.«

»Wie alt ist denn deine Schwester?«, fragte der Mann.

»Sieben Jahre«, antwortete das Mädchen.

»Ich habe eine Tochter«, sagte der Mann. »Sie ist auch sieben Jahre alt und heißt Melanie. Melanie Schrader. Kannst du deine Schwester fragen, ob sie eine Melanie Schrader kennt?«

Das Mädchen nickte. »Ich laufe nach Hause. Meine Schwester liegt im Bett. Sie ist krank.«

Das Mädchen wandte sich zum Gehen.

»Ich warte hier«, rief der Mann. »Beeil dich bitte. Es ist vielleicht eine Möglichkeit, meine Familie wiederzufinden.«

Die Zeit verging. Schon seit mehr als einer Stunde war das Mädchen fort.

Die Jugendlichen hatten inzwischen das Völkerballspiel abgebrochen. Einige von ihnen waren nach Hause gegangen. Die Übrigen hatten sich um den entlassenen Kriegsgefangenen geschart und bombardierten ihn mit Fragen zu seiner Lebensgeschichte.

Dann endlich tauchten zwei Mädchen auf. Sie schwatzten pausenlos und gestikulierten mit den

Händen. Das jüngere der beiden Mädchen war Melanie Schrader.

Johannes Schrader war jahrelang nicht mehr zu Hause gewesen. Somit hatte er auch keine bildliche Vorstellung von seiner Tochter. Dieses Mädchen könnte es sein. Er spürte, wie ihm der Schweiß auf die Stirn trat. Seine Mundwinkel begannen zu zucken, und mit brüchiger Stimme presste er ein »Hallo« heraus. Dann fasste er sich wieder.

»Bist du Melanie Schrader?«

»Ja.«

»Wo ist denn deine Mutter?«

»Die arbeitet bei einer Familie in Oberneuland. Sie macht dort Schneiderarbeiten. Die haben da sogar eine Nähmaschine.«

»Eine Nähmaschine. Das ist ja toll.«

Johannes Schrader konnte sich nicht erinnern, dass seine Frau früher überhaupt einmal an einer Nähmaschine gesessen hatte. Der Mann schaute das Kind lange an. Dann getraute er sich, ihm eine Frage zu stellen.

»Sag mal, Melanie, verrätst du mir, wie deine Mama mit Vornamen heißt?«

»Klar«, sagte Melanie. »Das weiß doch jeder. Sie heißt Helga.«

In diesem Augenblick schossen dem Mann die Tränen in die Augen.

»Wo ist denn dein Papa?«, fragte er mit leiser Stimme.

»Der ist wahrscheinlich tot. Wir haben schon ganz lange nichts mehr von ihm gehört.«

»Dein Papa ist nicht tot. Er war lange in Kriegsgefangenschaft, und jetzt ist er zurückgekommen.« Er beugte sich zu dem Mädchen herunter und strich Melanie über das Haar. »Ich bin dein Papa.«

Melanie schüttelte den Kopf. »Du bist nicht mein

Papa. Mein Papa ist tot. Du siehst auch gar nicht aus wie mein Papa auf unserem Foto zu Hause. Mein Papa ist nicht so dünn wie du.«

Johannes Schrader nickte. »Da hast du vollkommen recht. Ich komme direkt aus russischer Kriegsgefangenschaft. Da gab es jahrelang nicht viel zu essen. Lass uns jetzt zu deiner Mutter gehen. Und zwei von den Jungen sollen uns begleiten. Sonst bekommst du am Ende noch Angst vor mir.«

Damit erklärte sich Melanie einverstanden. Tommy und ich übernahmen für den Heimweg den Begleitschutz. Nach einer Viertelstunde Fußmarsch erreichten wir Melanies Wohnung.

In dem Augenblick, als wir die Klingel betätigen wollten, betrat eine Frau das Grundstück. Es war Melanies Mutter, die ihre Schneidertätigkeit für heute beendet hatte. Eine hohlwangige, augenverschattete Frau, die vorzeitig gealtert aussah.

Das Kind lief auf seine Mutter zu und zeigte mit den Fingern auf den Kriegsheimkehrer.

»Mama, der Mann sagt, er sei mein Papa. Das stimmt doch gar nicht, oder?«

Die Frau stutzte. Dann stürzte sie plötzlich auf den Mann zu und begann, laut zu schreien: »Johannes, du lebst! Ja, du bist es wirklich.«

Sie fiel ihm um den Hals, und nur das Zucken ihrer Schultern verriet, dass sie weinte.

Tommy und ich verließen das Grundstück. »Scheiße«, sagte Tommy. »Jetzt fang ich auch noch an zu heulen.«

Ich reichte ihm ein Kaugummi.

»Alles klar?«, fragte ich nach einer Weile.

Tommy nickte.

Die Großeltern

Bei Kriegsende im Jahr 1945 war mein Großvater 67 Jahre alt. Aus seiner Tätigkeit als ehemaliger Postsekretär stand ihm eine kleine Rente zu. Er war ein bescheidener Mann, der keine hohen materiellen Ansprüche hatte. Über sein Hobby – Instandsetzung von Fahrrädern – hatte er sich die Möglichkeit eines kleinen Zubrotes erarbeitet, indem er sich für geringe Entlohnung als Gehilfe bei einem Fahrradhändler verdingte.

Die Anschaffung eines Autos war für ihn kein Thema. Soviel ich wusste, hatte er auch nie einen Führerschein besessen. Aber eines Tages schlug seine große Stunde.

»Kommt mal raus«, forderte er die Familie auf. »Ich habe da etwas gebastelt. Ihr müsst euch keine Gedanken mehr über einen ›Horch‹ oder ›Maybach‹ machen.«

Voller Stolz präsentierte er uns ein Tandem-Fahrrad mit Doppelsitz und einem zusätzlichen Kindersitz auf dem vorderen Sitzrohr.

»Das ist unsere neue Familien-Rennmaschine«, lachte er.

Auf diesem Tandem nahm der Lenkende – also mein Großvater – die Funktion des Piloten oder Lokführers, meine Großmutter – als Nichtlenkende – die des Stokers oder Heizers ein.

In der warmen Jahreszeit nutzten meine Großeltern das Tandem, um zu gelegentlichen Picknicks im Grünen in die ländliche Umgebung Südbremens in Flecken wie Heiligenrode, Fahrenhorst und Nordwohlde zu fahren. Zwischen Pilot und Heizer fungierte ich auf dem Kindersitz als laut krähender Ballast.

Am Rande eines schattigen Waldstücks legten wir dann regelmäßig die große »Fresspause« ein, in der

Großmutters Mitbringsel zur Verteilung gelangten.

Bei einem dieser Ausflüge konnten keine Picknick-freuden genossen werden. Unser lukullisches Idyll wurde jäh unterbrochen, als wir uns einem bösartig knurrenden und zähnefletschenden, augenscheinlich ausgehungerten und entlaufenen Kettenhund eines nahegelegenen Bauernhofes gegenübersahen. Wir schienen nicht gerade die Gäste zu sein, auf die er sich schon tagelang gefreut hatte.

Angesichts einer sich schlagartig einstellenden Ohn-macht meiner Großmutter und unter Hintanstellung eigener Bedürfnisse opferten wir dem Herausforderer unsere gesamten Essensvorräte, wobei der Marodeur auch letztlich die rote Grütze nicht verschonte. Der Erfolg blieb nicht aus. Mit Omas Picknickvorräten ließ sich schließlich jede Bestie besänftigen.

Frisch gestärkt und ohne Gefahr verheißendes Knur-ren verließ uns der ungebetene Gast wieder, so dass wir ungeschoren blieben und mit weichen Knien die Heimfahrt antreten konnten. Den eigenen knurrenden Magen musste man für die erkaufte Rettung ertragen.

Da mein Vater in den ersten Nachkriegsjahren sehr stark mit dem Aufbau eines stadtbremischen Labora-toriums beschäftigt war, ergaben sich immer häufiger Lebenssituationen, die ich, bedingt durch den Zeitman-gel meiner Eltern, im Kreise der Großeltern verbringen durfte und auch wollte.

So stellte zum Beispiel das sommerliche Badever-gnügen eine Angelegenheit dar, bei der mein Großva-ter als Aufsichtsperson gefragt war. Öffentliche Frei-bäder waren aufgrund der Kriegsverheerungen noch nicht wieder verfügbar. Dafür gab es direkt am We-serstrand das Flussbad »Wagenbrett«. Hier waren die

Schwimmer- und Nichtschwimmerzonen durch sehr lange, mit Ketten verbundene Holzbalken voneinander getrennt.

Auch mein Freund Tommy war häufig mit von der Partie, wenngleich wir beide noch nicht schwimmen konnten.

Das Baden in der Flussbadeanstalt war allerdings nicht ohne Gefahren, da man sich mit der Schifffahrt arrangieren musste und die Schiffe zur Rücksichtnahme auf Badende nicht verpflichtet waren. So gab es auch Warnschilder, die darauf hinwiesen, dass das Heranschwimmen an fahrende Schiffe unbedingt zu unterlassen sei. Für Nichtschwimmer galt brusttiefes Wasser als zulässige Obergrenze.

Natürlich übten die Bugwellen vorbeifahrender Schiffe einen großen Reiz auf badende Kinder aus. Mein Großvater hatte allerdings ein wachsames Auge auf uns. Als die Fahrtwelle eines Schiffes wieder einmal den Strand hochschoss, wurden mehreren Kindern die Beine weggerissen. Blitzschnell umklammerte er Tommy und mich.

Durch den einsetzenden Sog wurden zwei Kinder in den Fluss hinuntergezogen und konnten nur schwer verletzt von einigen beherzten Schwimmern im letzten Augenblick gerettet werden. Die Schiffsführung hatte das Unglück gar nicht bemerkt.

Ohne meinen Großvater hätte dieser Vorfall für Tommy und mich tragisch enden können. Wieder im Hause der Großeltern lobte ich Großvater in den höchsten Tönen:

»Wenn er uns nicht festgehalten hätte, wären Tommy und ich durch den Sog bestimmt auch in die Weser gerissen worden.«

Meine Großmutter dagegen hielt es schon seit ihrer Jugend sehr mit der Religion. »Es war nicht nur der Großvater – es war der Heiland, der euch beschützt hat. Der Heiland hat Opa die Kraft gegeben.«

»So ein Quatsch«, sagte ich, »das war Opa und niemand anders. Da war kein Heiland zu sehen.«

Meine Großmutter schlug die Hände über dem Kopf zusammen. »Versündige dich nicht, mein Kind. Der Heiland, das ist Jesus Christus. Er hat seine schützende Hand über euch gehalten.«

Mir war der Heiland schon damals genauso suspekt wie der Weihnachtsmann, den ich am Heiligen Abend schon einmal aufgrund der von ihm getragenen Straßenschuhe als meinen Vater identifiziert und entzaubert hatte.

»Der Heiland beschützt alle Menschen«, war sich meine Großmutter sicher, die keinen Zentimeter von ihrer orthodoxen Linie abwich.

»Dann war er im Krieg wohl verreist«, entgegnete ich schroff. »Vier Freunde aus meiner Fußballmannschaft haben keine Väter mehr. Die liegen jetzt alle tot in Russland. Und warum hat der Heiland nichts gemacht, als Tante Käthe mit ihren vier Kindern im Keller verbrannte?«

Meine Großmutter kniff den Mund zu einem Strich zusammen und wandte sich ab. »Das verstehst du noch nicht. Du musst dem Heiland vertrauen.«

Diese Auseinandersetzungen mit meiner Großmutter konnten mich damals schon richtig wütend machen. Auch wenn sie dann alles verzeihend ankündigte: »Ich werde für dich beten«, entlockte mir diese Aussage keine Danksagung, sondern eher ein Achselzucken.

»Warum wird dieser Gott überhaupt noch als lieb bezeichnet?«, schrie ich sie an. »Tommys Stiefvater versuchte, einen Ladenbesitzer umzubringen. Im Blockland wurden elf deutsche Bauern von Polen ermordet. Wieso lässt der liebe Gott das zu?«

Diese jugendlichen Zweifel und Anfeindungen ihres unerschütterlichen Glaubens insbesondere in der leidgeprüften Nachkriegszeit stürzten meine Großmutter immer wieder in große Erklärungsnot, die letztlich auch dazu führte, dass sie meiner Mutter Vorhaltungen machte: Der Junge müsse strikter in eine christliche Erziehung eingebunden werden.

Meine Mutter gab sich hilflos, und von meinem Vater war in dieser Hinsicht schon gar keine Unterstützung zu erwarten:

»Lass Oma mal reden«, sagte er. »Sie ist alt und hat Angst, dass sie nicht in den Himmel kommt. Das kennt man ja. Im Alter werden sie alle fromm. Du gehst später einmal zum Konfirmationsunterricht, und dann kannst du selbst entscheiden, was du glauben willst und was nicht.«

Dennoch war meine Großmutter eine herzensgute Frau, die das Barmherzigkeitsideal des Christentums aus Überzeugung lebte und sich Jahre später sogar noch einer »Gesellschaft für entschiedenes Christentum« anschloss. Immerhin hatte sie mit ihrer Vertiefung in die Religion offensichtlich Antworten auf die sie bedrängenden Fragen gefunden, und das galt es zu respektieren. Vor allem war eines sicher: Würden sich alle Menschen wie meine Großmutter verhalten, hätte es diesen Krieg nie gegeben.

Onkel Robert
in Munster-Lager

Eines Tages, etwa ein Jahr nach Kriegsschluss, fragte
mich mein Vater, ob ich ihn auf eine Fahrt in die Lü-
neburger Heide begleiten wolle. Er beabsichtige, seinen Bruder zu besuchen, einen ranghohen Offizier der
Wehrmacht, der sich in britischer Kriegsgefangenschaft in Munster-Lager befand. Ich stimmte begeistert
zu, denn ich hatte zwar viel von diesem Onkel gehört,
ihn aber persönlich noch niemals kennen gelernt.

Onkel Robert hatte bis in die letzten Kriegstage an der
Ostfront gekämpft und war erst später auf dem Rückzug von den Engländern gefangen genommen worden.
Jetzt saß er in Munster-Lager – einer Barackenstadt, die
es bereits seit Ende des 19. Jahrhunderts gab.

»Das war ein großes Glück«, sagte er später. »Wenn
ich den Russen in die Hände gefallen wäre, hätte ich
wahrscheinlich nicht überlebt oder wäre in Sibirien
gelandet.«

Die Fahrt im DKW meines Vaters verlief – wie die
meisten Autofahrten – keineswegs folgenlos für mich.
Bedingt durch den Geruch des billigen Benzins und die
Schaukelbewegungen des schlecht gefederten Fahrzeugs wurde mir zweimal schlecht und ich musste
mich übergeben. Kreideweiß kam ich in Munster-Lager an. Das blieb auch meinem Onkel nicht verborgen,
als wir uns das erste Mal gegenüberstanden:

»Der sieht ja aus wie ein Landser nach 48 Stunden
Häuserkampf in Stalingrad.«

»Keine Sorge«, sagte mein Vater, »das ist ein Auto-
kotzer. Geht heute vielen Kindern so.«

Als mein Onkel mir die Hand schüttelte, fiel mir auf, dass ein Stück von seinem Daumen fehlte. Er bemerkte meine Betroffenheit:

»Der abgerissene Daumen ist kein Andenken an die Front. Es ist hier passiert. Der ehemalige Truppenübungsplatz Munster-Lager ist schon seit 1935 vom Heereswaffenamt als Versuchsgelände für chemische Kampfstoff- und Brisanzmunition genutzt worden. Nach der deutschen Kapitulation wurde er von der britischen Besatzungsmacht zum größten Entlassungslager für kriegsgefangene Soldaten der Wehrmacht umfunktioniert. Als ich hierher kam, haben die Briten mit Sprengungen begonnen, an denen sich sowohl die Engländer als auch abkommandierte deutsche Kriegsgefangene beteiligten. Einer davon war ich. Dass das keine ungefährliche Sache war, siehst du jetzt an meinem Daumen. Eine Granate ist in meiner Nähe explodiert. Ich hatte noch unheimlich viel Glück dabei, dass es mich nur den Daumen gekostet hat.«

»Hast du eine Vorstellung davon, wann du entlassen wirst?«, fragte mein Vater.

Mein Onkel schüttelte den Kopf. »Es kann nicht mehr sehr lange dauern. Man wird hier in der britischen Besatzungszone nach der Entlassung zu irgendeinem Ort ›dokumentiert‹, wie sie es nennen. Aber dieses Zuzugsrecht bedeutet nur, dass die Gemeinden die Pflicht haben, dich aufzunehmen, ohne dass gesichert ist, dass du eine Wohnung oder eine Arbeitsstelle erhältst. Viele nennen das den ›kalten Weg‹ und kommen hilflos zurück ins Lager. Ich selbst weiß auch nicht, was mich erwartet.«

»Ich werde mich für dich verwenden«, sagte mein Vater. »Ich kümmere mich um eine Unterkunft und eine Beschäftigung im Rahmen unserer Außendienst-Labortätigkeiten für dich.«

Minutenlang lagen sich die Brüder in den Armen und schämten sich ihrer Tränen nicht.

Dann fuhren wir wieder zurück nach Bremen. Mein Vater nahm unverzüglich Kontakt zur Lagerkommandantur auf. Nach drei Monaten der Durchbruch. Onkel Robert stand vor unserer Haustür. Ein erster Schritt war getan.

Der Denunziant

Schon während der Nazizeit hatte sich ein Typus von Volksgenosse als besonders widerlich und verabscheuungswürdig erwiesen. Das war der Denunziant. Mit anonymen oder ganz offenen Hinweisen an die Gestapo hatten diese Zecken der Gesellschaft ihr Unwesen getrieben und sich am Tode unzähliger Menschen schuldig gemacht. Meldungen über regierungskritische Äußerungen, das Unterlassen des Hitlergrußes, Mithören von BBC-Sendungen oder Verbindungen zu Juden hatten vielen rechtschaffenen Deutschen Verhöre, Folter, Gefängnis, Konzentrationslager oder gar den Tod gebracht.

Der klassische Satz: »Der schlimmste Hund im ganzen Land, das ist und bleibt der Denunziant«, galt allerdings nicht nur uneingeschränkt für die Zeit des Nazi-Regimes, sondern auch für die Nachkriegszeit. Verdächtigungen und Verunglimpfungen von Nachbarn oder anderen mehr oder weniger weitläufigen Bekannten bei den Besatzungsbehörden – sowohl aus Hass und Missgunst als auch aus der Erwartung materieller Vorteile bei der Wohnungszuweisung oder der Lebensmittelkartenzuteilung – spielten hier eine gewichtige Rolle.

Hinzu kam fallweise auch eine tief verwurzelte Abneigung gegen Deutsche schlechthin – ein Charakterzug, durch den sich einer unserer Nachbarn luxemburgischer Abstammung besonders auszeichnete. Dieser fast schon pathologische Denunziant ließ keine Gelegenheit verstreichen, Personen aus seinem nachbarlichen Umfeld nationalsozialistischer Aktivitäten zu bezichtigen und sie mit Hetze und Diffamierung zu überziehen.

Der luxemburgische Monsieur Hubert avancierte sehr bald zu »Everybody's Darling« in unserer Wohnstraße. Das trug ihm auch einige Gegenreaktionen von Jugendlichen ein, die sich auf diese Weise für die Denunzierung ihres Vaters bei Monsieur Hubert »bedanken« wollten. So wurde die Haustürklinke bei Monsieur Hubert etliche Male mit frischem Hundekot verziert. Auch auf der Liste der Klingelstreichopfer fehlte sein Name nie. Auf der Beliebtheitsskala unserer Nachbarn lag er mit dem angeblich kommunistischen Schneider fast gleichauf.

Ungeniert verbreitete Monsieur Hubert Gerüchte und Verdächtigungen, wann immer sich eine Gelegenheit bot – sei es beim Einkauf im Lebensmittelgeschäft, beim Schuster oder im Blumenladen. Das Fatale an diesen Geschichten war, so abenteuerlich sie auch sein mochten, dass immer etwas hängen blieb.

Bei einem unserer Fußballspiele kam es dann zum Eklat. In der Hitze des Gefechtes foulte ich unabsichtlich meinen Gegenspieler Peter Heinemann. Dieser wälzte sich zunächst schreiend am Boden, rappelte sich dann wieder auf und schrie mich an:

»Du bist ein ganz blödes Arschloch. Aber das ist ja auch kein Wunder, denn jeder hier weiß, dass dein Vater ein altes Nazischwein war.«

Das Arschloch hätte ich noch akzeptiert. Aber das Nazischwein in Bezug auf meinen Vater war zu viel für mich. Ich stürzte mich auf ihn und begann ihn mit Fußtritten und Faustschlägen zu traktieren. Erst das beherzte Eingreifen der anderen Spieler verhinderte, dass wir uns ernsthafte Verletzungen zufügten.

An diesem Tage gingen wir unversöhnt auseinander. Meine Miene hellte sich auch im Kreise der Familie am häuslichen Abendbrottisch nicht auf.

»Was ist denn los mit dir?«, fragte mein Vater.

Ich schüttelte unwillig den Kopf.

»Raus mit der Sprache«, insistierte er. »Was ist los?«

»Warst du Nazi?«, fragte ich beklommen und spürte, wie meine Hände feucht wurden.

»Wie kommst du darauf?«, fragte mein Vater.

»Peter Heinemann hat heute auf dem Fußballplatz vor allen Spielern behauptet, mein Vater sei ein altes Nazischwein gewesen.«

Mein Vater schaute mich eine Weile sprachlos an. Dann schüttelte er den Kopf und wandte sich meiner Mutter zu. »Da siehst du, wie weit es heute schon wieder gekommen ist mit diesen notorischen Denunzianten.«

Dann schaute er mir fest in die Augen und sagte: »Ich hatte nie etwas mit diesen Parteibonzen zu tun. Ich habe aufgrund meiner Nichtkriegstauglichkeit in meinem Beruf als Chemiker im sogenannten Heimatdienst Messungen zur Sicherheit des U-Boot-Personals in explosionsgefährdeten Tanks und Messungen zur Sicherheit der Menschen im Bunker hinsichtlich eines möglichen Einsatzes des Feindes von Giftgas durchgeführt. Für diese überlebenswichtigen Aufgaben musste man Parteimitglied sein. Diese Tätigkeit war gleichzeitig die Existenzgrundlage unserer Familie. Sie hatte nicht das Geringste mit Kriegsverbrechen zu tun. Daher bin ich auch gleich nach Kriegsende entnazifiziert worden. Meine Parole während des Krieges war eine andere für mich: Hau ab, du Feigling, und lass mich hinter den Baum.«

Ich lachte, und mir fiel ein Stein vom Herzen. Mein Vater hatte sich regelrecht in Rage geredet und einen feuerroten Kopf bekommen.

»Ich werde unverzüglich mit dem Vater dieses Peter Heinemann reden, den ich noch aus dem

Bunker kenne. Das ist eigentlich ein ganz vernünftiger Mann.« Damit griff er bereits zum Telefon.

»Verschieb den Anruf besser auf morgen«, versuchte meine Mutter, ihn zu beschwichtigen. »Du regst dich jetzt viel zu sehr auf.«

Es war nicht von der Hand zu weisen, dass sich mein Vater durch diese Denunziation in eine »Täterrolle« gedrängt sah.

Am nächsten Tag sprach er Vater Heinemann auf den Vorfall an. Dieser zeigte sich entsetzt. Aber er hatte auch eine Hintergrundinformation, die das Verhalten seines Sohnes vielleicht in einem anderen Licht erscheinen ließ. Auf jeden Fall kündigte er eine unverzügliche persönliche Entschuldigung von Peter an.

Nach dem Gespräch mit Herrn Heinemann wirkte mein Vater wieder etwas entspannter.

»Hast du gewusst, dass der Junge erst drei Wochen nach Kriegsende aus der Kinderlandverschickung nach Hause gekommen ist?«

»Ich habe keine Ahnung – wir haben nie darüber gesprochen.«

»Der Junge ist dort in den letzten zwei Jahren regelrecht politisch indoktriniert und fast paramilitärisch brutal gedrillt worden. Bei Kriegsende hat sich dann auch noch das nazikonforme Betreuungspersonal aus dem Staub gemacht, und die Kinder waren auf fremde Hilfe angewiesen. Dass der Peter Heinemann dabei einen abgrundtiefen Hass auf die Nationalsozialisten entwickelt hat, kann man wohl verstehen.«

Am nächsten Tag klingelte ein sichtlich verlegener Peter Heinemann bei uns an der Haustür. Ich öffnete.

»Komm rein«, sagte ich. »Mein Vater wartet auf dich im Wohnzimmer. Ich lass euch allein.«

Zehn Minuten später verließ er wieder das Haus.

»Er hat sich in aller Form entschuldigt«, sagte mein Vater. »Für mich ist die Sache damit erledigt.«

»Warum hat er diesen Scheiß überhaupt erzählt?«, fragte ich.

»Es sind die typischen Latrinenparolen von unserem Nachbarn Hubert. Die hat er irgendwo aufgeschnappt. Die Sache bleibt im Gedächtnis hängen, und bei Streitigkeiten kann dann so etwas herauskommen. Vertragt euch wieder. Ich werde die Angelegenheit irgendwann auf meine Weise mit diesem Hubert regeln.«

Im Dritten Reich hatte es eine wahre Denunziationsflut gegen jede regimekritische Stimme gegeben. Selbst das Erzählen von Flüsterwitzen (hinter vorgehaltener Hand) wurde als Defätismus gegen die »Wehr- und Volksgemeinschaft« des NS-Staates ausgelegt. Dabei wurde dem Denunziantentum durch das ab 1933 geltende »Heimtückegesetz« auch noch eine Art von Scheinlegalität verliehen.

Dies hatte zu einer latenten Steigerung der Denunziationsbereitschaft geführt, die zusätzlich noch durch das Blutschutzgesetz und die Kriegssonderstrafrechts-Verordnung abgesichert worden war. Somit hatte jede ideologisch abweichende Einstellung oder Bemerkung kriminalisiert werden können, auch wenn die Motive der Denunzianten häufig nur persönliche Racheakte oder Reflexe auf soziale Schieflagen gewesen waren.

»Und genau aus dieser Ecke kommt auch unser sauberer Monsieur Hubert – ein Mann, der es mit der Wahrheit nicht so hat«, fällte mein Vater ein vernichtendes Urteil. »Einmal Denunziant – immer Denunziant«, lautete seine gusseiserne Formel. »Und wenn man sich mit diesen Herrschaften unterhält, was kommt dann dabei heraus? Keiner war Nazi – nur Dr. Keller und Adolf Hitler.«

Jetzt in der Nachkriegsphase war der Fokus der Denunzianten allerdings nicht nur auf die nationalsozialistische Vergangenheit unliebsamer Personen ihres Umfeldes, sondern auch auf aktuelle Verstöße wie Schwarzmarkt (Schleichhandel), Schwarzschlachten und Lebensmittelkartenschwindel gerichtet. Gespeist wurde dieses Denunziantentum aber nach wie vor aus überwiegend niederen Beweggründen.

Kurz nach der persönlichen Entschuldigung von Peter Heinemann ersuchte mein Vater um einen Gesprächstermin bei Monsieur Hubert, der ihm auch gewährt wurde.

Als er von der Unterredung zurückkehrte, wirkte er sehr entschlossen, aber irgendwie auch gelöster als vorher.

»Der wird sein Maul so schnell nicht mehr aufreißen«, verkündete er vielsagend. »Ich habe ihm unmissverständlich zu verstehen gegeben, dass mir mindestens drei Leute persönlich bekannt sind, die unter Eid aussagen würden, dass er – Hubert – bereits während der Nazizeit als Denunziant gegen jüdische Mitbürger unserer Stadt aufgetreten ist.«

»Wer sind die drei?«, fragte ich sofort.

»Das geht dich Grünschnabel gar nichts an«, sagte er. Dabei umspielte ein sybillinisches Lächeln seine Lippen.

Von Monsieur Hubert hörten wir in der Folgezeit tatsächlich nichts mehr.

Etwa drei Wochen später stand ein Leichenwagen vor seinem Haus. Er hatte sich erhängt.

Vadder Segelken – der Kriegsgewinnler

Die Tage gingen ins Land. Auch die Vorbereitungen meines Vaters für den Neubau eines kleinen chemischen Laboratoriums nahmen immer deutlichere Konturen an.

Frau Hohweg war inzwischen aus der Enge der Parterrewohnung ausgezogen. Ihre guten Kontakte zu den Amerikanern hatten sich auch für sie irgendwie ausgezahlt. Sie logierte jetzt in einer feinen Schwachhauser Altbauwohnung. Damit ergab sich für den Rest von Tommys Familie eine erträglichere Wohnsituation. Dies änderte sich dann, als ein Onkel, der ein Filmtheater im Steintorviertel betrieb, der Familie mit einer an das Kino gekoppelten Unterkunft eine ganz neue Wohnperspektive anbot.

Für Julia fiel gleichzeitig noch ein Job an der Kinokasse ab. Eine solche Gelegenheit konnte sie nicht ausschlagen. Damit war auch klar, dass die räumliche Nähe zwischen Tommy und mir zu Ende ging.

Wir beschlossen, etwas gemeinsam zu unternehmen – eine Fahrt mit der Kleinbahn, dem Moorexpress »Jan Reiners«, beginnend am Bremer Parkbahnhof, vorbei am Teufelsmoor bis nach Tarmstedt. Wir hatten ein Wochenende gewählt und uns unter dem Vorwand der Teilnahme an einer Straßenfußballmeisterschaft zu Hause abgemeldet.

Schon beim Start, den der Schaffner mit einer Trillerpfeife vorgab, war der Zug hoffnungslos überfüllt, weil die Menschen die Fahrt in die Moorgebiete zu Hamsterfahrten nutzten.

Die Gesamtroute mit einer Streckenlänge von 27 Kilometern verlief vom Parkbahnhof über die Horner Rampe, wo der Zug nur mit Mühe die Anhöhe über die neue Autobahn (A 27) schaffte. Über die Stationen Lehester Deich, Borgfeld, Lilienthal, Moorhausen, Falkenberg, Trupermoor, Worphausen, Wörpedorf, Grasberg, Eickendorf, Tüschendorf erreichte man schließlich die Endstation Tarmstedt-Ost.

»Blumen pflücken während der Fahrt verboten«, lautete die gängige Formel, die sich auf die überschaubare Höchstgeschwindigkeit der Kleinbahn von 30 Kilometern pro Stunde bezog. Fahrplanmäßig schaffte »Jan Reiners« die Strecke in siebzig Minuten.

Für eine Fahrkarte – zum Preis von 1,10 Reichsmark für die einfache Fahrt über die gesamte Strecke – reichten sogar unsere bescheidenen Ersparnisse.

Die Bahn war im Zweiten Weltkrieg von größeren Kriegsschäden weitgehend verschont geblieben. Lediglich die Wümmebrücke hatte wegen Sprengung kurzfristig durch einen Pendelverkehr ersetzt werden müssen.

Eine entfernte Verwandte meiner Mutter, Frau Segelken, betrieb mit ihrem Ehemann – Mudder und Vadder Segelken – einen kleinen Imbiss im Gebäude des Haltepunktes Trupermoor. Als Tommy und ich dort ausstiegen und ich mich zu erkennen gab, wurden wir sehr freundlich aufgenommen. Mudder Segelken setzte uns ein Schinkenbrot vor, und eine Waldmeisterbrause gab es auch noch.

Der Fahrkartenverkauf für »Jan Reiners« reichte nicht zum Überleben. Deshalb betrieb das Ehepaar Segelken nebenbei etwas Landwirtschaft. Aber sie waren ein gefragter Ansprechpartner für die Hamsterfahrer, Vadder Segelken hätte man auch als Kriegsgewinnler oder Schieber bezeichnen können.

»Die schleppen ihren gesamten Hausstand hier an. Ich weiß gar nicht mehr, wohin mit dem ganzen Krempel – diesen Stehlampen und Ledersesseln«, klagte er. »Die Kühe brauchen kein Licht und in den Ledersesseln wollen sie auch nicht sitzen.«

Die Vorstellung von Kühen in Sesseln gefiel uns sehr, und Tommy meinte, dass das doch eine Supernummer für den Zirkus wäre.

Die Segelkens besaßen ein kleines Bauernhaus in der Nähe. Im angrenzenden Schuppen stapelten sich die Tauschobjekte.

»Ihr könnt euch ja mal umsehen. Vielleicht ist ja auch für euch was dabei.«

Dieses Angebot wollten wir nicht ausschlagen.

Der Eindruck vom Kriegsgewinnler Vadder Segelken gewann ganz neue Nahrung, als dieser die Schuppentür öffnete. Als Erstes fiel uns ein Klavier ins Auge, auf dem der alte Segelken sicher niemals gespielt hatte und spielen würde. Ölgemälde in pompösen Bilderrahmen, Likörgläser und Sektkelche aus geschliffenem Kristall, afghanische, türkische und persische Brücken und Teppiche, eine zwanzigbändige Ausgabe der Encyclopedia Britannica mit Goldletternaufdruck, Porzellanputten, Damasttischtücher, diverse Serien von Kaffeegeschirr, Herren- und Damenfahrräder, Nähmaschinen – alles war in diesem Schuppen in einem heillosen Durcheinander untergebracht. Das Ganze erinnerte stark an einen Trödelladen.

Ich entschied mich für eine erzgebirgische Spieldose mit weihnachtlichen Szenen auf einem Drehteller, die mit mechanischen Spieluhren bestückt war.

Für Tommy war eine Angelrute das Ziel der Begierde.

Als wir uns gerade mit unseren Schätzen zum Gehen wandten, stieß Tommy mich an und deutete auf einen Tisch, auf dem ein geöffneter Schuhkarton stand. Wir schauten hinein und blickten uns anschließend sprachlos an. In dem Schuhkarton befand sich ein Dolch, der mit einer Wolfsangel verziert war. Dies war eine Kennung der SS und wurde unter anderem als Emblem für die Armbinden von SS-Panzerdivisionen verwendet. Auch der Werwolf hatte sich der Wolfsangel als Symbol bedient.

»Den nehmen wir mit«, flüsterte Tommy.

Ich nickte und steckte den Dolch ein.

Anschließend bedankten wir uns bei Vadder Segelken für die Spieldose und Angelrute, verzehrten noch ein Stück Butterkuchen bei Mudder Segelken im »Bahnhof« und beschlossen, den Weg bis zur Station Falkenberg zu Fuß zurückzulegen.

»Was wirst du in nächster Zeit tun?«, fragte ich Tommy.

»Keine Ahnung. Vielleicht gehen wir auch ganz weg aus Bremen. Meine Mutter hat keine ausreichende Arbeit mehr.«

»Versprich mir, dass wir Freunde bleiben«, sagte ich.

»Klar. Und der Dolch wird uns dabei helfen.«

»Wie meinst du das?«

»Wir werden Blutsbrüderschaft schließen wie die Indianer, und dabei wird jeder das Blut des anderen trinken. Gib mir den Dolch und deinen linken Arm.«

»Warum links?«

»Weiß ich auch nicht so genau. Aber ich glaube, weil das Herz auf der linken Seite ist.«

Ich krempelte einen Ärmel hoch, und Tommy ritzte mir mit dem Nazi-Dolch eine etwa fünf Zentimeter lange Schnittwunde in die Haut. Als das Blut herausspritzte, saugte er die Wunde aus.

»Jetzt du«, sagte er.

Ich folgte seinem Beispiel und betätigte mich anschließend ebenfalls als blutsaugender Vampir.

»Jetzt kann uns nichts mehr trennen«, sagte er.

Dann warf er den Dolch in hohem Bogen in ein Feld, und wir fielen uns in die Arme.

Mit der Spieldose und Angelrute im Gepäck fuhren wir ab der Station Falkenberg mit der Jan-Reiners-Kleinbahn zurück zum Bremer Parkbahnhof.

Einige Wochen später zog Tommy mit seiner Familie ins Steintorviertel. Gleichzeitig wechselte er die Schule. Wir haben uns dann noch einmal gesehen, als er mich einlud, gemeinsam einen Film im Kino seines Onkels mit einer Sitzposition im Projektionsraum zu sehen. Es war mein erster Kinobesuch. Dann gab es einen weiteren Wohnungswechsel. Die Familie verließ Bremen mit – für mich – unbekanntem Ziel. Ich habe nichts mehr von ihm gehört.

Der Krieg, den wir erlebt und überlebt hatten, hat uns, die Kriegskinder, in starkem Maße geprägt. Im Gegensatz zu den Nachkriegskindern hatten wir schon etwas vorzuweisen, was uns trotz allem mit Stolz erfüllte.

Glossar

Zusammengestellt von Sebastian Liedtke (KellnerVerlag)

Antidot-Therapie

Antidot bezeichnet die Verabreichung eines Gegenmittels/-giftes bei Vergiftungserscheinungen. Es wird unterschieden zwischen bindenden und damit neutralisierenden Antidots und entgegengesetzt wirkenden und damit abschwächenden Antidots. Ursprünglich zur therapeutischen, zivilen Anwendung erfunden, wurden Antidots mit dem Einsatz von chemischen und biologischen Massenvernichtungswaffen im Krieg in den militärischen Bereich integriert. Da es sich oft um ebenfalls toxische, also potentiell giftige Substanzen handelt, ist ein Einsatz keinesfalls ungefährlich.

Ausgangssperre (»Curfew«)

Ausgangssperren und Hausarreste werden polizeilich und militärisch vor allem in Notstandszeiten verhängt und sollen die Zivilbevölkerung eines Landes davon abhalten, sich auf öffentlichen Plätzen zu sammeln und zu organisieren. Neben dieser politischen Intention werden Ausgangssperren auch eingesetzt um Plünderungen zu verhindern und einer Seuchengefahr vorzubeugen. Im Bremen der Nachkriegszeit war die Bevölkerung durch den von der amerikanischen Besatzungsmacht ausgerufenen »Curfew« dazu veranlasst, sich nach 22 Uhr nicht mehr aus dem Haus zu begeben.

Besatzungszone/n – amerikanische Enklave in Bremen

Mit dem Ende des Zweiten Weltkrieges am 8. Mai 1945 hörte das Deutsche Reich auf zu existieren und wurde unter den vier alliierten Siegermächten aufgeteilt. Frankreich wurden, grob gesprochen, die Gebiete des heutigen Saarlandes und Rheinland-Pfalz zugeschlagen, während die Sowjetunion Sachsen, Sachsen-Anhalt, Thüringen, Brandenburg und Mecklenburg-Vorpommern erhielt. Die britische Besatzungszone umfasste das heutige Niedersachsen, Hamburg, Schleswig-Holstein und Nordrhein-Westfalen, die amerikanische Einflusssphäre wurde auf Bayern, Hessen, Baden-Württemberg und Bremen, als einzige Verbindung im Norden und damit Sonderfall als Anlaufstelle der Seestreitkräfte festgelegt. Die ehemalige Hauptstadt Berlin wurde von den vier Siegermächten gemeinschaftlich verwaltet, jeder alliierten Besatzungsmacht wurde ein Sektor angeschlossen. 1946/1947 wurden die britische und amerikanische Besatzungszone zur Bizone zusammengeschlossen, die 1948 sogar noch durch die französische Zone zur Trizone erweitert wurde. Hier sollte die im selben Jahr durchgeführte Währungsreform in den Folgejahren zu Wirtschaftsaufschwung und »Wirtschaftswunder« führen.

Beendet wurde die Besatzungszeit offiziell erst im Jahr 1955 mit der Ausfertigung des »Deutschlandvertrages«; mit der Gründung sowohl der Bundesrepublik Deutschland in West als auch der Deutschen Demokratischen Republik in Ost im Jahr 1949 erlangten die beiden Staaten aber weitgehende Souveränität.

»Blocklandmorde« auf dem Hof Kapelle im Nov. 1945

Im November 1945 ereignete sich im Bremer Niederblockland ein von ehemaligen polnischen Zwangsarbeitern ausgeführter Raubmord, bei dem zwölf Bewohner des abgelegen liegenden Hofes Kapelle erschossen wurden. Die sich auf einem nächtlichen Raubzug befindenden zehn Täter sperrten die Bewohner des Hofes zunächst ein, um Lebensmittel und Wertsachen zusammentragen zu können, und erschossen die Bewohner schließlich im Keller des Hofes. Der einzige Überlebende, der sich tot gestellt hatte, konnte nach einiger Zeit beim Nachbarhof Hilfe holen. Von den zehn Tätern wurden vier zum Tode verurteilt und hingerichtet, drei waren bis 1967 in Hamburg-Fuhlsbüttel inhaftiert, wurden dann allerdings begnadigt und freigelassen.

Viele ehemalige Zwangsarbeiter, so auch die Täter der »Blocklandmorde«, die nach Ende der Kriegshandlungen nicht in ihr Heimatland zurückkehren konnten, mussten in der direkten Nachkriegszeit in Lagern für DPs (»discplaced persons«) unterkommen. Durch das ihnen während des Krieges zugefügte Unrecht und der mangelnden Perspektiven inmitten der Nachkriegsgesellschaft, gaben sich manche ehemalige Zwangsarbeiter illegalen Aktivitäten hin und nutzten das rechtliche Vakuum, das durch den Zusammenbruch des Justizwesens entstanden war. Das Motiv neben den eigentlichen Plünderungen war oftmals Rache für die an ihnen begangenen Verbrechen.

Bunker

Mit den im Ersten Weltkrieg begonnenen Luftangriffen auf das Deutsche Reich wurden bereits bestehende Bauwerke besser ausgestattet, um der Bevölkerung Schutz zu bieten. Darüber hinaus wurden vermehrt speziell ausschließlich für den Schutz bei Kampfhandlungen ausgerüstete Bunker errichtet. Diese sollten vor direkten Treffern, umher fliegenden Splittern und Schrapnellen sowie vor Gefahrenstoffen wie Giftgas schützen. Man unterscheidet zumeist zwischen *Hochbunkern* und *Tiefbunkern*, entsprechend der geografischen Gegebenheiten und dem konkreten Verwendungszweck. Hochbunker wurden oft im städtischen Bereich gebaut, wo Platzmangel herrschte und man in die Höhe bauen musste; Tiefbunker waren in der Stadt dort praktikabel, wo Platz vorhanden war, z. B. unter öffentlichen Plätzen, bzw. wo besonders starker Schutz vonnöten war, prinzipiell aber im ländlichen Raum verbreiteter. Zumeist aus Stahlbeton gefertigt, waren die Bunker so robust und kompakt erbaut, dass die Sprengung in der Nachkriegszeit oftmals misslang bzw. von vornherein aus Effizienzgründen unterlassen wurde. Ein im Deutschen Reich vorkommender besonderer Bunkertyp war der in gefährdeten Großstädten gebaute *Flakturm*, der Schutzfunktion und aktive Verteidigung miteinander verband.

Mit dem Beginn des Bombenkrieges auch in Deutschland sollten in Bremen ab November 1940 in mehr als 100 Bunkern durch extreme Überbelegung Platz für 200.000 Menschen geschaffen werden, annähernd die Hälfte der damaligen Bevölkerung. Zwischen 1940 und 1945 wurden insgesamt 173 alliierte Luftangriffe mit annähernd 900.000 Bomben auf die Stadt Bremen geflogen.

Heutzutage sind in Bremen noch der überwiegende Großteil der gebauten Bunker erhalten, die zu Wohnungen, Lager- oder Proberäumen umgebaut wurden (»Entfestigung«) und weiterhin zivil genutzt werden.

»CARE-Pakete«

Mit der Gründung der privaten Hilfsorganisation *CARE (»Cooperative for American Remittances to Europe«)* im November 1945 erreichten vorbereitete Nahrungsmittelpakete Deutschland, um die durch Krieg, Zerstörung und Hunger leidende deutsche Zivilbevölkerung zu unterstützen. Die ersten CARE-Pakete für die Amerikanische Besatzungszone, zunächst noch zumeist von US-Bürgern an ihre Verwandten verschickt, trafen im August 1946 im Hafen von Bremen(!) ein. Ab März 1947 stellte die Organisation die Pakete selbst zusammen, sodass mehr Fleisch, Fett und Kohlenhydrate im Umfang von bis zu 40.000 Kilokalorien enthalten waren.

Annähernd zehn Millionen CARE-Pakete mit 83.000 Tonnen Versorgungsmitteln erreichten zwischen 1946 und 1960 Westdeutschland und hatten damit einen großen Anteil am Überleben der deutschen Zivilbevölkerung.

Denunziantentum und »Heimtückegesetz«

Kritische Äußerungen gegenüber dem Regime waren in der Nationalsozialistischen Diktatur verboten und wurden hart bestraft. Oft denunzierten Menschen aus niederen Beweggründen ihre Nachbarn und Bekannten, bisweilen sogar Freunde und Familie. Das »*Gesetz gegen heimtückische Angriffe auf Staat und Partei und zum Schutz der Parteiuniform*« vom 20. Dezember 1934 stellte ursprünglich lediglich den Missbrauch von Parteiabzeichen und -uniformen unter Strafe, schränkte in einer erweiterten Fassung aber die freie, insbesondere die kritische Meinungsäußerung, vor allem in Bezug auf alles Staatliche, vehement ein. »*Wer öffentlich gehässige, hetzerische oder von niedriger Gesinnung zeugende Äußerungen über leitende Persönlichkeiten des Staates oder der NSDAP [...] macht*«, wurde mit Inhaftierung auf unbestimmte Zeit bestraft. Formuliert wurde juristisch bewusst so ungenau, dass beinah jede, noch so kleine Kritik unter Strafe gestellt werden konnte. Die Angeklagten genossen keinerlei Recht auf Voruntersuchung oder Haftprüfung mehr. In der Folgezeit gab es eine Welle an Denunziationen, für das Jahr 1937 allein mehr als 17.000. In den Kriegsjahren wurden kritische Meinungsäußerungen zunehmend als Wehrkraftzersetzung gewertet und mit dem Tod bestraft.

DPs (»*Displaced persons*«, dt. »*nicht an diesem Ort beheimatete, verschleppte Person*«)

Im allgemeinen Sprachgebrauch waren im Zweiten Weltkrieg DPs Zivilpersonen, die sich kriegsbedingt außerhalb ihrer Heimat aufhalten mussten, zumeist dort Arbeitsdienst zu verrichten hatten und nicht aus eigenem Willen heraus nach Hause zurückkehren konnten. Im Nationalsozialistischen Deutschland waren dies vor allem Zwangsarbeiter und -verschleppte, vornehmlich aus osteuropäischen Ländern, aber auch aus dem gesamten restlichen Europa, die sich bei Kriegsende unfreiwillig in Deutschland aufhielten. Im Jahr 1944 waren dies allein mehr als elf Millionen. Neben der großen Gruppe der Zwangsarbeiter stellten darüber hinaus auch Kriegsgefangene und ehemalige Konzentrationslagerhäftlinge einen bedeutenden Anteil an der Gruppe der DPs. Nach Kriegsende bemühten sich die Alliierten die DPs zu repatriieren, d. h. in ihre Herkunftsländer zurück zu führen, bis September 1945 bereits mehr als eine Million. Zurückgebliebene oder zurückgekehrte DPs verblieben teilweise noch jahrelang in deutschen Lagern, mitunter sogar ehemalige Zwangsarbeiter- und Konzentrationslager.

Entnazifizierungsverfahren, Reeducation (»demokratische Bildungsarbeit«)

Nach dem Sieg der Alliierten und dem Ende des Zweiten Weltkrieges am 8. Mai 1945 ging es vornehmlich um den Wiederaufbau des zerstörten Deutschlands bzw. um den Umbau zurück zu einer demokratischen und friedlichen Gesellschaft. Ab Juli wurden weit reichende und bereits seit Jahren existierende Pläne für eine Befreiung der deutschen Gesellschaft, Presse, Kultur, Wirtschaft, Politik und Rechtssprechung vorangetrieben. Das »Gesetz zur Befreiung von Nationalsozialismus und Militarismus« trat offiziell in Kraft. Es gab kurzfristige Maßnahmen, die sich an die erwachsene Bevölkerung richtete, und langfristige Maßnahmen, die auf die Umerziehung und Erziehung der nachfolgenden Generationen abzielte. Beiträge in Rundfunk und Film, Artikel in neu lizenzierten Zeitungen/Zeitschriften sowie Diskussionsrunden und Gespräche sollten den Deutschen klarmachen, dass sie zwölf Jahre lang einem mörderischen und fatalen Irrglauben angehangen hatten.

Die konsequente Verfolgung von Verbrechen aus der Zeit der nationalsozialistischen Herrschaft erfolgte mittels einer Einteilung der mehr als 180.000 internierten Schuldigen in der englischen, französischen und amerikanischen Besatzungszonen in insgesamt fünf Kategorien: *Hauptschuldige* (Kriegsverbrecher) – *Belastete* (Aktivisten, Militaristen und Nutznießer), *Minderbelastete, Mitläufer* und *Entlastete*. Bis zum 1. Januar 1947 wurden 86.000 Inhaftierte aus den Entnazifizierungslagern entlassen; etwa 5.000 Verurteilungen wurden ausgesprochen, davon 800 Todesurteile, von denen 486 vollstreckt wurden. Da nach Schätzungen der Alliierten die Zahl der Verfahren leicht in die Millionen hätten gehen können, wurden nur die schwersten Fälle eingehend untersucht. Von den bis zum 31. Dezember 1949 in den westlichen Besatzungszonen etwa 2,5 Millionen Deutschen wurden 1,4 % als Hauptschuldige und Belastete eingestuft, 0,6 % als Regimegegner anerkannt, 54 % als Mitläufer angesehen. Bei 34,6 % wurde das Verfahren eingestellt. Durch den beginnenden Kalten Krieg mit der Sowjetunion ließ das Interesse am Verfahren der Entnazifizierung bald nach, so dass diese größtenteils mit Schnellverfahren geregelt wurden. Das am 11. Mai 1951 verkündete »Entnazifizierungsschlussgesetz« bildete den Schlusspunkt und sicherte bis auf der Gruppe der *Hauptschuldigen* und der *Belasteten* die Rückkehr in den öffentlichen Dienst zu. Damit konnte ein Großteil der dem Regime Verbundenen in der neu gegründeten Bundesrepublik Deutschland wieder in Politik, Verwaltung und Justiz Karriere machen.

Fraternisierungsverbot

Im Krieg oder der Nachkriegszeit wird der freundliche Umgang von Soldaten der beiden kriegführenden Parteien oder von Soldaten der einen Seite mit der Zivilbevölkerung der anderen als Fraternisierung bezeichnet.

Das Fraternisierungsverbot der Alliierten (*CCS 551* vom 28. April 1944) sollte den Umgang der alliierten Soldaten mit der Zivilbevölkerung in Deutschland regeln und die Verbrüderung mit Beamten und der Bevölkerung unterbinden (»No fraternisation!«). Das Bild des Süßigkeiten an deutsche Kinder verteilenden GIs blieb lange Zeit im Gedächtnis, war allerdings bei den amerikanischen Oberbefehlshabern nicht gern gesehen, da es Zweifel an der Entschlossenheit der Besatzungssoldaten wecken konnte. In den ersten Jahren der Nachkriegszeit wurden nach der Aufhebung des Eheverbots im Dezember 1946 Zehntausende Ehen zwischen deutschen Frauen und alliierten Besatzungssoldaten geschlossen sowie Besatzungskinder geboren.

»Goebbels-Schnauze« und Volksempfänger

Das wichtigste Propagandamedium neben dem Film war für die Nationalsozialisten der Rundfunk. Um möglichst alle Volksgenossen erreichen zu können, gab Propagandaminister Joseph Goebbels frühzeitig den Auftrag, ein günstiges und einfaches, aber effizientes Empfangsgerät bauen zu lassen. Das aus dem Kunststoff Bakelit hergestellte Modell VE 301, benannt nach dem Datum der nationalsozialistischen Machtergreifung vom 30. Januar, wurde im August 1933 vorgestellt und avancierte schnell zum Verkaufsschlager. Es war in der Lage, Mittelwellen- und Langwellenrundfunk zu empfangen – vor allem der Deutschlandsender war für Goebbels Propagandaabteilung unerlässlich, um die Bevölkerung zu indoktrinieren. 1938 wurde ein handlicheres Gerät entwickelt, der Deutsche Kleinempfänger DKE 38, der im Volksmund schnell den Namen »Goebbels-Schnauze« verpasst bekam. Von den verschiedenen Modellen der Rundfunkgeräte wurden mehrere Millionen Exemplare verkauft.

»Grünkreuz«-Bomben/-Granaten

Seit dem Ersten Weltkrieg wurde der Einsatz von Giftgasgranaten über teilweise kilometerweite Entfernungen betrieben, um verheerende Schäden auf Seiten der Gegner anzurichten. Der Name »Grünkreuz« stammte von der grünen Bemalung der Zündkappe und der Kennzeichnung des Bodens der Kartusche mit einem gleichfarbigem Kreuz.

Hitlerjugend und Bund Deutscher Mädel

Die seit 1923 bestehende NSDAP war streng hierarchisch geglie-
dert und hatte als Nachwuchs- und Kaderförderung die Hitlerjugend (für Jungen) und den Bund Deutscher Mädel (für Mädchen)
eingerichtet. Die Hitlerjugend war wiederum unterteilt in das
Deutsche Jungvolk (10 bis 14 Jahre) und die eigentliche Hitlerjugend (15 bis 18 Jahre); der Bund Deutscher Mädel bestand aus den
Jungmädeln (10 bis 14 Jahre) und dem Bund Deutscher Mädel (15
bis 18 Jahre).

Mit der Übernahme der Macht im Jahr 1933 wurde die Hitlerjugend zur einzigen anerkannten Jugendorganisation erklärt und erfasste in den Folgejahren bis zu 98 % aller deutschen Kinder und
Jugendlichen (8,7 Millionen). Das Potential an Nachwuchs erschien
den Nationalsozialisten damit beinah unerschöpflich. Von klein
auf sollten Jungen und Mädchen dazu erzogen werden, deutsch zu
denken und zu handeln und damit zum willfährigen Instrument
der Mächtigen werden.

Nach Beendigung ihrer Zeit in den Jugendorganisationen war für
die Jungen bzw. Männer eine Laufbahn in Partei oder Wehrmacht
vorgesehen, die Mädchen bzw. Frauen sollten sich um den Fort-
bestand des deutschen Volkes kümmern, indem sie Kinder für die
Nation gebären sollten.

(Erweiterte) Kinderlandverschickung

In der Zeit vor dem Zweiten Weltkrieg wurde in Deutschland der
Begriff der Kinderlandverschickung ausschließlich auf Kuraufent-
halte sowie Amüsier- bzw. Erholungsfahrten angewandt. Die sogenannte »erweiterte Kinderlandverschickung« jedoch war eine aus
der Not heraus geborene Initiative, um die Bevölkerung zu schützen. Durch die verstärkten Luftangriffe auf deutsche Städte ab dem
Jahr 1940 wurde es nötig, Schulkinder und Mütter mit Kleinkin-
dern in weniger gefährdete Gegenden des Landes zum Beispiel bei
Gastfamilien zu bringen, um ihnen dort Schutz zu gewähren. Die
Aufenthalte dauerten bis zu mehrere Monate und fanden bisweilen
in extra dafür errichteten bis zu 5.000 KLV-Lagern statt. Schätzungen gehen von bis zu zwei Millionen Kinderlandverschickungen in
den Kriegsjahren aus.

Auch andere europäische Länder legten während des Zweiten
Weltkrieges staatliche Evakuierungsprogramme auf, so zum Beispiel das Vereinigte Königreich von Großbritannien, das seiner-
seits Kinder aus dem gefährdeten London aufs Land verschickte.

Kriegsheimkehrer (Kriegsgefangenschaft)

Etwa drei Millionen Soldaten aus Österreich und Deutschland gerieten zwischen 1941 und 1945 in sowjetische Kriegsgefangenschaft. Direkt nach Kriegsende durften schätzungsweise eine Million der in der UdSSR Internierten zurück in ihre Heimat – die restlichen Kriegsgefangenen mussten jahrelang für die von der Wehrmacht und der SS begangenen territorialen Zerstörungen und Massaker an der sowjetischen Bevölkerung mit ihrer Arbeitskraft büßen und wurden erst 1955(!) freigelassen. Oftmals gestaltete sich die Wiedereingliederung in die Gesellschaft der neu gegründeten Bundesrepublik als schwierig für beide Seiten. Mehr als eine Millionen Gefangene kehrten nie wieder zurück und gelten heute als verstorben oder vermisst.

Kriegskinder, Nachkriegskinder

Die deutschen Kriegskinder (Jahrgänge etwa 1930 bis 1945) wurden in den annähernd sechs Jahren des Zweiten Weltkrieges in ihrer körperlichen, emotionalen und vor allem seelischen Entwicklung massiv beeinträchtigt und zerrüttet. Bombenterror, andauernder Hunger, Tod, Entwurzelung, Flucht und Vertreibung mussten zwangsläufig zu höchstgradigen Traumatisierungen führen. Nicht selten wurden diese einschneidenden Erfahrungen im Überlebenskampf nicht ausreichend verarbeitet. Die heutzutage letzten Überlebenden haben oftmals nach Jahrzehnten der Verdrängung immer noch Probleme damit, über ihre Erlebnisse während der Kriegszeiten zu sprechen.

Lebensmittelkarten, -rationen

Lebensmittelkarten wurden in Deutschland in Kriegs- und Notzeiten vom Staat ausgehändigt, um der Bevölkerung trotz Nahrungsmittelmangel eine Grundversorgung zu gewährleisten. Die ersten Lebensmittelkarten wurden 1915 im Ersten Weltkrieg ausgegeben, um überlebenswichtige Nahrungsmittel wie Brot, Milch, Butter, Fett und Eier, aber auch Heizmaterial (Kohlen), Kleidung sowie Genussmittel (Zigaretten und Alkohol) in vorgeschriebenen Mengen zu rationieren. Kunden mussten die Brot-, Fleisch-, Fettkarten usw. bei ihren Händlern einreichen, um die gewünschte Ware zu erhalten. Im Verlaufe des Krieges gestaltete sich die Versorgungslage immer schwieriger, sodass es zu drastischen Kürzungen der Rationen kam, die zusätzlich zur Kriegsgefahr das Überleben zum Kampf ums nackte Dasein machten.

In der Nachkriegszeit, ab Mai 1945, gaben die Alliierten Lebensmittel- oder Nährkarten aus, um das Überleben der deutschen Zivilbevölkerung zu sichern. Entsprechend der Art und Schwere der Arbeit wurden diese in verschiedene Kategorien eingeteilt. Lebensmittelkarten waren ein beliebtes Tauschobjekt auf dem Schwarzmarkt. Erst im Jahr 1950 wurde das System der Lebensmittelkarten in der Bundesrepublik Deutschland abgeschafft.

Luftangriff auf Bremen vom 18. auf den 19. August 1944

In der Nacht vom 18. auf den 19. August 1944, fast genau um Mitternacht, begann der schwerste britische Angriff auf das bremische Stadtgebiet, hauptsächlich auf den Bremer Westen. In lediglich 30 Minuten wurden 68 Minenbomben, 2.323 Sprengbomben, 10.800 Phosphor- und 108.000 Stabbrandbomben abgeworfen. Nicht nur die Bombardierung selbst, sondern auch der dadurch entstandene Feuersturm, angefacht durch die engen Straßen und Gassen, führten zu sehr hohen Verlusten: 1.000 Bremer starben, annähernd 50.000 wurden obdachlos. Bis zum Ende des Krieges am 8. Mai 1945 sollten noch 41 weitere Luftangriffe folgen.

Nachkriegswinter 1946/1947

Die deutsche Bevölkerung war durch jahrelange Bombardements und die Niederlage im Mai 1945 körperlich, emotional und seelisch stark traumatisiert. Ein Leben, geführt in Schutt und Asche und seines persönlichen Besitzes gänzlich beraubt, war keine Seltenheit. Der Wiederaufbau verlief nur schleppend in den kommenden Jahren. Der Nachkriegswinter des Jahres 1946/1947 war einer der kältesten im Laufe des 20. Jahrhunderts, der die Not der Deutschen noch zusätzlich verschlimmerte. Zwischen November 1946 und März 1947 wurden immer wieder auf neue Minusrekorde bei der Temperatur aufgestellt, die auch noch ungewöhnlich lange anhielten. Hunderttausende Menschen starben allein in Deutschland, vor allem in den von den Zerstörungen am stärksten betroffenen Großstädten wie Berlin, Köln und Hamburg. Durch den verlustreichen Krieg fehlte es an Arbeitskräften in der Landwirtschaft, um eine annähernd ausreichende Versorgung zu gewährleisten, die zerstörte und noch nicht wieder aufgebaute Infrastruktur verhinderte die Verteilung dessen, was zur Verfügung stand. Das sich unrechtmäßige Verschaffen von Zusatzrationen, wie z. B. Schwarzschlachten, Kohleklau und Schwarzmarkt, wurde in großem Maße genutzt.

Reichsluftschutzbund

Der im Jahr 1933 gegründete und dem Reichsluftfahrtministerium unterstellte Reichsluftschutzbund (RLB) war ein für den Luftschutzschutz organisierter, öffentlicher Verband. Er löste diverse Vorgänger aus der Weimarer Republik, den Verein Deutscher Luftschutz und die Deutsche Luftschutzliga, ab. In Kriegszeiten waren mehr als 15 Millionen Mitglieder registriert, die in fast 4.000 Einrichtungen geschult wurden. Auf dem Schulprogramm standen u. a. Brandbekämpfung, Gasschutz, Erste Hilfe, das luftschutzgemäße Herrichten von Häusern und Wohnungen.

Peter Kellers Vater war als Chemiker für die Luftmessung bei Bombenangriffen zuständig, um die Zivilbevölkerung vor dem Einsatz von Giftgas zu warnen und zu schützen.

Schwarzmarkt

Der vom Staat nicht gebilligte Schwarze Markt, auf dem illegal und an staatlichen Behörden vorbei mit Waren gehandelt wird, ist ein gesellschaftliches Phänomen, das gerade in Notzeiten, wo viele Produkte legal schwer zu erhalten sind, floriert. In der direkten Nachkriegszeit, als im zerstörten Deutschland Lebensmittel in nicht ausreichender Menge und nur gegen Abgabe von ausgehändigten Lebensmittelkarten zu erhalten waren, blühte das Geschäft mit lang ersehnten Luxusartikeln, Alkohol, Zigaretten und andere Drogen, aber auch Dienstleistungen wie Prostitution oder Schmuggel zu teilweise horrenden Preisen. Erst mit der Währungsreform und der Einführung der D-Mark im Jahr 1948, die gleichzeitig das Ende der staatlichen Reglementierung darstellte, verschwand das Phänomen des Schwarzmarkts in großem Stil.

Stalag X-B (Lager am Rande des Teufelsmoores)

Das zweite Stammlager des Wehrkreises X (X-B) war seit seiner Erbauung 1932 ein Arbeits- und Kriegsgefangenenlager in Sandbostel, nordöstlich von Bremen. In den Kriegsjahren diente das Lager zunehmend als KZ-Auffanglager und wurde 1945 von der SS auch als Durchgangslager für das Konzentrationslager Neuengamme genutzt. Mehr als 1 Million Menschen waren in den Jahren des Zweiten Weltkrieges in diesem Lager interniert, zwischenzeitlich bis zu 70.000 gleichzeitig. Am 29. April 1945 schließlich wurde das Lager und mit ihm 14.000 Kriegsgefangene und 7.000 KZ-Häftlinge von der britischen Armee befreit.

Trümmerfrauen

Laut Bevölkerungsstatistik gab es nach Kriegsende 1945 etwa sieben Millionen mehr deutsche Frauen als Männer. Deshalb mussten sich auf Betreiben der Alliierten Behörden in den Nachkriegsjahren 1946 und 1947 deutsche Frauen zwischen 15 und 50 Jahren dazu bereit erklären, als »Trümmerfrauen« zu arbeiten. Diese Frauen hatten, aufgrund des kriegsbedingten Männermangels, Sorge dafür zu tragen, dass die vornehmlich durch die Luftangriffe verursachten Schäden in den Städten beseitigt wurden. Sie arbeiteten zusammen mit Kriegsgefangenen, professionellen Trümmerbeseitigern und zwangsverpflichteten ehemaligen Nationalsozialisten. Unter großer körperlicher Anstrengung und ohne maschinelle Hilfe, mussten die Frauen mit Spitzhacke und Hammer die Ruinen abtragen und wieder verwertbare Steine aufschichten. Schutt sollte zum Auffüllen von Bombentrichtern und Straßenbau benutzt werden.

In Bremen waren im Laufe des Bombenkrieges annähernd 65.000 Wohnungen zerstört worden, was 60 % des gesamten städtischen Bestandes entsprach.

Verdunkelungsanordnung

Staatlich verordneter Luftschutz umfasste bei den Nationalsozialisten unter anderem die Anweisung, feindlichen Bombern den zielgenauen Abwurf zu erschweren, indem künstliche Lichtquellen minimiert, möglichst gänzlich vermieden wurden. Dies konnte allerdings von Bomberflotten ausgeglichen werden, indem Zielmarkierungsbomben Verwendung fanden.

Der federführende Reichsluftschutzbund unterstützte beim Luftschutz *aktive* Maßnahmen (Luftraumüberwachung, Abschirmung des Luftraumes durch Abfangjäger, Bekämpfung durch Flugabwehrkanonen) sowie *passive* Maßnahmen (Verfügungsstellung von Bunkern, Warnung der Bevölkerung durch Sirenen und Radiodurchsagen, Brandschutzvorsorge, Vernebelungsanlagen, Bau von Geisterstädten).

»Volksschädlinge«

Als »Volksschädlinge« wurden von der NSDAP unter anderem Landesverräter, Staatsfeinde und allgemein Menschen bezeichnet, die dem sogenannten nationalsozialistischen Gemeinwohl ablehnend und feindlich gegenüber standen. Ab 1939 wurde die Bezeichnung zum offiziellen juristischen Begriff erhoben und Plünderung und Sabotage unter Todesstrafe gestellt. Kurz vor Kriegende wurde der Begriff hauptsächlich auf Deserteure angewandt.

»Volkssturm«

Der »Volkssturm« wurde von den NS-Machthabern zum Ende des Zweiten Weltkrieges ins Leben gerufen, als die Niederlage kurz bevor stand. Gebildet wurde der paramilitärische Verband aus den »*waffenfähigen Männern im Alter zwischen 16 und 60 Jahren*«. Sie übernahmen Sicherungsaufgaben, führten Bau- und Schanzarbeiten durch und sollten – im von den NS-Machthabern gewünschten Idealfall – den Siegeszug der Alliierten stoppen und diese aus Deutschland zurückdrängen. Ihre Hauptaufgabe bestand allerdings in der Verteidigung des »Heimatbodens« und damit der Entlastung der Wehrmacht. Nur notdürftig ausgebildet und bewaffnet, konnte der Volkssturm den Fortgang des Krieges ab Oktober 1944 nicht mehr entscheidend beeinflussen.

Zwangsarbeit(er)

Schon in der Antike gab es die Kriegsgefangenschaft und die daraus erwachsende Form der Sklaverei. Verlierer eines Krieges wurden gefangen genommen, ins Gebiet der Sieger verschleppt und mussten dort unfreiwilliger und erzwungener Arbeit nachgehen. Mitunter gab es die Möglichkeit, freigelassen zu werden und das Bürgerrecht zu erlangen.

Bereits ab 1933 begann das nationalsozialistische Regime, zunächst willkürlich neben politischen Gegnern, später auch »asoziale Elemente«, Homosexuelle, Sinti und Roma und natürlich Angehörige des jüdischen Glaubens zu inhaftieren und in Arbeits- und Konzentrationslager einzuweisen.

In der Zeit des Zweiten Weltkrieges wurden mehrere Millionen KZ-Häftlinge und Kriegsgefangene dazu genötigt, die in die Kämpfe geschickten Männer und ihre Arbeitskraft zu ersetzen. In etwa 1.000 Konzentrationslagern im Deutschen Reich und den besetzten Gebieten waren sie einer menschenverachtenden und -vernichtenden Willkür der Machthaber ausgesetzt. Zwangsarbeiter wurden in der Rüstungsindustrie eingesetzt (in Bremen zum Beispiel allein zum Bau des U-Boot-Bunkers Valentin in Farge bis zu 12.000 Zwangsarbeiter) oder in der Landwirtschaft, aber auch öffentliche Einrichtungen, die Kirche oder Privatpersonen konnten Zwangsarbeiter anfordern. Sie wurden misshandelt, schlecht ernährt und mussten sich oftmals zu Tode schuften.

Zwangssterilisation

Im Nationalsozialistischen Deutschland wurden im Zuge des »*Gesetzes zur Verhütung erbkranken Nachwuchses*« vom 4. Juli 1933 zwischen 1934 und 1945 etwa 400.000 Menschen, auch gegen ihren eigenen Willen, unfruchtbar gemacht. Auf diese Weise sollte eine Degeneration der deutschen Bevölkerung verhindert werden und mittels Rassenhygiene auf eine Verbesserung des Erbgutes (»Eugenik«) hingewirkt werden. Neben körperlich- und geistig behinderten Menschen, wurden Insassen von psychiatrischen Heilanstalten und sogar Alkoholkranke dieser Prozedur unterworfen, 5.000 Menschen starben bei der Behandlung.

Ebenfalls im KellnerVerlag erschienen:

Günther Wesemann
Bremer Jungs und Mädels

In beeindruckend persönlichen Beschreibungen schildert der Autor seine Erlebnisse der politisch bewegenden 1930er-Jahre. Beigefügte Dokumente lassen seine Lebensgeschichte lebendig werden.
Ausgehend von den Jahren ab 1928 im Hohentorsviertel der Bremer Neustadt und den Fahrradtouren mit dem Vater, seiner schwierigen Schulzeit und dem Beitritt zur Hitlerjugend bis zu den Lehrjahren ab 1940 können die Leser/innen das einstige Bremer Alltagsleben gedanklich miterleben.
236 Seiten, Hardcover, 15 x 21 cm, € 12,90

Bremer Jungs im Krieg

Nach seinen Kindheitserinnerungen folgt nun die Kriegszeit.
Zusammen mit seinem Vater kämpft er nach den tödlichen Bombenangriffen der englischen Flieger gegen Flammen und Trümmer. Das Gefühl der Hilflosigkeit treibt ihn schließlich dazu, sich freiwillig zum Fronteinsatz zu melden. Als Ladekanonier in einem Sturmgeschütz berichtet Wesemann hautnah von den Gefechten mit der Roten Armee.
328 Seiten, Hardcover, 15 x 21 cm, € 12,90